건강한 삶의길

건강한 삶의길

조용기 지음

초판인쇄 2012년 10월 15일
초판발행 2012년 10월 16일

발행처 서울말씀사
편집인 **김 호 성**
등 록 제 11-105호

서울시 강서구 가양동 1487 가양테크노타운 306호
Tel 02-846-9222-4
Fax 02-846-9225
http://www.slogos.co.kr

본서의 저작권과 판권은
서울말씀사 소유이며 무단 전재, 복제를 금합니다.

건강한
삶의 길

조용기 지음

서울말씀사

 **머리말**

오늘날 수없이 많은 사람들이 영적으로 사망에 눌려 있으며 심적으로 불안과 공포에 눌려 있고 육체적으로 질병에 눌려 시들어 가고 있으며 제도적으로 권력에 눌려 있습니다.

이런 억압 하에 있는 사람에게 참된 자유를 주실 분은 오직 예수 그리스도 한 분밖에는 없습니다. 왜냐하면 하나님께서 예수 그리스도를 통해 죄 사함과 성령충만과 치료와 축복과 영생천국의 은총을 마련하셨기 때문입니다. 십자가를 통해 죄 사함을 받은 나, 하나님과 화목한 나, 병 고침을 받은 나, 사망과 음부의 권세를 철폐하고 천국백성이 된 나를 끊임없이 바라보고 입술로 시인해야 합니다.

예수님께서는 우리들의 믿음을 보시고 부활의 능력을 통해 죄와 허물로 죽은 인간을 사망에서 해방시켜 주시고 불안과 공포에 눌려 있는 사람에게 참 평안과 확신을 주시며 질병에 눌려 있는 사람에게 자유를 주시는 것입니다. 어제나 오늘이나 영원토록 변함이 없으신 예수님께서는 분명히 말씀하고 계십니다.

"내가 너희에게 말하노니 무엇이든지 기도하고 구하는 것은 받은 줄로 믿으라 그리하면 너희에게 그대로 되리라"(막 11:24)

이 책에서는 마귀가 가져다 주는 질병과 육신의 건강의 정당성, 병에 대한 하나님의 뜻을 살펴보고 믿는 우리들이 취해야 할 태도를 생각해 보았습니다. 아무쪼록 이 책을 통해 우리의 의가 되시는 하나님, 우리의 치료자 되시는 하나님과 더욱 깊은 만남이 이루어지게 되기를 기원합니다.

2012년 10월
여의도순복음교회
원로목사 조 용 기

목차
contents

머리말

1장 질병과 치료

1. 질병은 저주이다 ·············· 11
2. 기독교는 생명의 도 ·············· 22
3. 육신의 건강의 정당성 ·············· 31
4. 마음의 질병 ·············· 41
5. 우리를 향하신 하나님의 뜻 ·············· 56
6. 질병에서 해방받으라 ·············· 68
7. 구원과 신유 ·············· 82
8. 나는 너희를 치료하는 야훼임이니라 ·············· 88
9. 모세의 놋뱀과 예수님의 십자가 ·············· 99
10. 병 고침은 예수님의 대속 안에 포함되어 있는가 ··· 106
11. 회개하라 천국이 가까이 왔느니라 ·············· 113

2장 성경에 나타난 신유

1. 요단 강에 몸을 일곱 번 씻으라 ·····················125
2. 너희 믿음을 보여다오 ································140
3. 두려워 말고 믿기만 하라 ···························150
4. 예수여 나를 불쌍히 여기소서 ······················154
5. 네 믿음이 크도다 소원대로 되리라 ··············162
6. 다만 말씀으로만 하옵소서 ·························173
7. 네가 낫고자 하느냐 ·································183
8. 네 믿음이 너를 고쳤다 ·····························195
9. 내게 있는 것으로 네게 주노니 ····················200

1장 질병과 치료

1 • 질병은 저주이다
2 • 기독교는 생명의 도
3 • 육신의 건강의 정당성
4 • 마음의 질병
5 • 우리를 향하신 하나님의 뜻
6 • 질병에서 해방받으라
7 • 구원과 신유
8 • 나는 너희를 치료하는 야훼임이니라
9 • 모세의 놋뱀과 예수님의 십자가
10 • 병 고침은 예수님의 대속 안에 포함되어 있는가
11 • 회개하라 천국이 가까이 왔느니라

1 질병은 저주이다

-
-
-

인간의 최대 관심사는?

인간에게 있어 최대의 관심사는 살겠다는 것입니다. 그리고 나아가서는 좀 더 잘 살아보자는 것이 인간의 끊임없는 소원이요, 이 때문에 인간은 몸부림치고 애쓰면서 일하고 있는 것입니다.

이와 같은 인간의 소원에 반해서 인간의 생명을 도적질하고 죽이고 멸망시키려는 것이 있는데 그것은 바로 병입니다.

성경에 보면 하나님께서 인류의 조상인 아담을 지으셨을 때 죽음에 이르는 병이 들어서 죽어야만 되도록 만들어 놓지 않으셨습니다. 그렇다면 오늘날 아담의 후예인 우리가 왜 죽음에 이르는 병이 들게 되었을까요?

그 까닭은 인류의 조상인 아담이 생명의 원천이신 하나님의 말씀을 반역하고 사망의 근원인 사탄의 말을 받아들여서 하나님께서 따먹지 말라고 명하신 선악과를 따먹음으로 말미암아 사망의 씨앗이 인류 속에 심어졌기 때문입니다.

하나님을 반역하고 사탄의 말을 받아들인 인간의 영은 마귀와 함께 죽음에 이르게 되었습니다. 죄로 말미암아 영이 죽자 인간은 하나님과의 교제가 끊어졌습니다. 그리고 수많은 종류의 육체의 병 때문에 고생을 하고 있으며, 이 육체적인 병을 고치기 위하여 인간의 온갖 수단과 방법을 다 동원해 보지만 병에서 헤어나지 못하고 있습니다.

질병은 마귀가 가져다 준다

질병의 뿌리는 죄에 있다.

질병이 우리의 육체를 물고 찢을 때 우리는 외부에 나타난 그 병세에만 관심을 가지고 그것을 고쳐보려고 애를 쓰게 됩니다. 그러나 성경은 질병의 깊은 뿌리를 날카로운 말씀의 검으로 쪼개어 우리에게 밝히 보여주고 있습니다.

"죄의 삯은 사망이요 하나님의 은사는 그리스도 예수 우리 주 안에 있는 영생이니라"(롬 6:23)고 하였습니다. 그러므로 눈에 보이지 않는 질병의 뿌리는 죄에 있는 것입니다. 죄의 삯인 사망을 통하여 사망의 세력을 잡은 자, 곧 마귀는 끊임없이 질병에 생명을 공급하여 도적질하고 죽이고 멸망시키려는 역사를 계속하는 것입니다. 질병에 대한 완전한 치료는 질병 그 자체가 물질적인 것뿐만 아니라 영적인 것이므로 영적인 치료가 없이는 안 되는 것입니다. 우리 사람들의 육체가 살아 움직이는 것은 우리 몸속에 우리의 영이 거하기 때문입니다. 그러나 일단 우리의 영이 우리의 몸을 떠나게 되면, 그 육체가 아무리 강건하고 튼튼한 것일지라도 곧 활동을 중지하고 썩어지기 시작합니다.

그러므로 육체의 병 고침을 받기를 원하는 사람은 마귀의 가장 큰 무기인 죄와 사망을 없애기 위하여 죄를 고백하고 주 예수님을 믿어, 영혼 속에서 마귀의 영의 역사를 뿌리치고 생명의 성령의 역사를 받아들여야 합니다. 또한 주의 이름으로 기도할 때 마귀는 떠나가고 주님의 생명이 우리 몸속에 부어지는 것입니다. 마귀의 영이 우리의 몸에서 쫓겨나가면 영혼 없는 몸이 죽은 몸인 것처럼 마귀의 영이 없는 병은 죽은 병이 되고 병균은 말라 죽어 버리고 병은 분해되어 버리는 것입니다.

질병은 하나님의 사랑의 선물이 아니다

질병과 사망과 저주와 고통은 모두 다 인간이 하나님을 배반하고 마귀와 짝하였기 때문에 온 것입니다.

하나님의 부르심과 권유와 사랑을 사람들이 배반하고 끝까지 응하지 않을 때에 하나님께서는 사람들을 전혀 그 상실한 마음대로 내버려두사 저희의 그릇됨에 상당한 보응을 그 자신이 받도록 하시는 것입니다(롬 1:28).

그러므로 하나님을 배반하고 그 율법에 순종치 않고 저희의 그릇됨으로 인해 받는 상당한 보응 중에 그 무서운 질병도 포함되는 것입니다.

그러므로 질병은 하나님의 사랑의 선물이 아니라, 죄로 인한 율법의 저주로 오는 것이요, 죄와 저주와 사망의 형무관인 악한 마귀가 도적질하고 죽이고 멸망시키려고 발버둥치는 것입니다.

오늘날 주님께서 하나님의 긍휼하심과 자비하심으로 악인과 선인에게 햇빛과 비를 골고루 주시듯이, 주님께서 마귀의 역사를 막지 않으신다면 이 세계는 이미 멸망을 받고 말았을 것입니다. 하나님께서 타락한 인간들에게 회개하고 돌이킬 기회를 주시기 위해서 우리를 지켜주시지 않았더라면 우리는 이미 오래 전에 소돔과 고모라와 같은 멸망을 당했을 것입니다.

"네가 악을 행하여 그를 잊으므로 네 손으로 하는 모든 일에 야훼께서 저주와 혼란과 책망을 내리사 망하며 속히 파멸하게 하실 것이며 야훼께서 네 몸에 염병이 들게 하사 네가 들어가 차지할 땅에서 마침내 너를 멸하실 것이며 야훼께서 폐병과 열병과 염증과 학질과 한재와 풍재와 썩는 재앙으로 너를 치시리니 이 재앙들이 너를 따라

서 너를 진멸하게 할 것이라"(신 28:20-22)

"야훼께서 애굽의 종기와 치질과 괴혈병과 피부병으로 너를 치시리니 네가 치유 받지 못할 것이며 야훼께서 또 너를 미치는 것과 눈 머는 것과 정신병으로 치시리니"(신 28:27-28)

"야훼께서 네 무릎과 다리를 쳐서 고치지 못할 심한 종기를 생기게 하여 발바닥에서 부터 정수리까지 이르게 하시리라"(신 28:35)

"야훼께서 네가 두려워하던 애굽의 모든 질병을 네게로 가져다가 네 몸에 들어붙게 하실 것이며 또 이 율법책에 기록하지 아니한 모든 질병과 모든 재앙을 네가 멸망하기까지 야훼께서 네게 내리실 것이니"(신 28:60-61)

이러한 말씀을 보면 하나님을 배반한 인간에게 내려지는 저주가 얼마나 두렵고 떨리는지 말로 다할 수가 없습니다.

이것이 바로 하나님을 배반하고 인간의 정욕을 따라 사는 자에게 내린 율법의 저주인 것입니다. 이와 같은 현상이 오늘날 전 세계적으로 우리 눈앞에 일어나고 있음에도 불구하고 회개하지 않는 인생의 완악함은 얼마나 가증스러운지 모릅니다. 오늘날 병원마다 환자들이 늘어나고 원인 모를 불치의 병이 생겨나는 것을 볼 때, 성경에 기록된 하나님의 말씀이 정말 일점일획이라도 틀림이 없다는 것을 깨달아 알 수 있습니다.

질병은 하나님의 선물이라는 거짓

그런데 오늘날 병들어 고통을 당하고 죽는 것이 바로 하나님의 뜻이며, 하나님의 선물이라고 가르치는 사람들이 있습니다. 우리는 이러한 거짓에 속아 넘어가서는 안 될 것입니다. 병은 결코 하나님의 선물이 아닙니다. 아담과 하와가 하나님을 반역하고 타락했을 때 하나님께서는 "너는 흙이니 흙으로 돌아갈 것이니라"(창 3:19)고 저주하셨습니다. 사람이 흙으로 돌아가려면 육체가 병들어 와해되어야 합니다. 마귀는 바로 이런 질병을 가지고 사람을 도적질하고 죽이고 멸망시킵니다. 성경은 다음과 같이 기록하고 있습니다.

"하나님이 나사렛 예수에게 성령과 능력을 기름 붓듯 하셨으매 그가 두루 다니시며 선한 일을 행하시고 마귀에게 눌린 모든 사람을 고치셨으니 이는 하나님이 함께 하셨음이라"(행 10:38)

또한 병은 타락한 환경의 산물입니다. 인간은 오염된 환경 가운데 스스로 병든 생활을 하고 있습니다. 이 때문에 인간은 이모

저모로 영육 간에 병들게 되어 있습니다. 그러나 하나님의 뜻은 치료에 있지 질병에 있지 않습니다. 하나님께서는 분명히 "나는 너희를 치료하는 야훼임이라"(출 15:26)고 말씀하셨으며, 예수님께서는 말씀으로 귀신들을 쫓아내시고 병든 자를 다 고치심으로 선지자 이사야의 예언을 이루셨습니다.(마 8:16-17) 예수님께서는 이 땅에 계실 동안 수없이 많은 병자를 고치셨으며, 12제자와 70인의 제자에게도 복음을 증거한 후 병자를 위해 기도하고 고쳐 주라고 말씀하셨습니다.

이러므로 질병은 인간이 타락하여 얻은 것이요, 오염된 환경 가운데 얻은 것입니다. 질병이 하나님의 뜻이요 선물이라는 말에 우리는 현혹되지 말아야 합니다. 하나님께서는 지금도 그 강한 팔과 능력으로 회개하는 사람의 질병을 고치시고 고통에서 건져 주시길 원하고 계시는 치료하는 야훼이십니다.

질병 그 자체는 생명체이다

질병 그 자체는 하나의 생명체라고 할 수 있습니다. 왜냐하면 병원체가 살아서 움직이며 그 세력을 확장해서 결국은 육체의 생명을 이기고 그것을 파괴해 버리기 때문입니다. 인간 몸의 질병은 눈에 보이지 않는 사망의 세력을 잡은 마귀가 그 생명을 유지

하며 공급하는 것입니다. 마귀는 모든 파괴적인 역사를 돕는 일을 합니다. 그러므로 영혼 없는 몸이 죽은 몸임과 같이 마귀의 영이 떠난 질병은 죽은 질병인 것입니다. 질병의 생명은 마귀의 영이 공급하므로 마귀의 영이 떠나가 버리면 질병은 분해되어 버리고 맙니다. 그렇기 때문에 성경은 "하나님이 나사렛 예수에게 성령과 능력을 기름 붓듯 하셨으매 그가 두루 다니시며 선한 일을 행하시고 마귀에게 눌린 모든 사람을 고치셨으니"(행 10:38)라고 말씀하셨습니다.

모든 병은 그 배후에 마귀가 생명을 공급하고 있었으므로 예수님께서 이 마귀의 영을 쫓아내시자 질병의 힘은 꺾어졌고, 상처 입은 육체에 예수님께서 건강의 생명을 공급하심으로 깨끗하게 낫도록 만드신 것입니다.

그런데 어떤 사람들은 질병은 병균으로 인한 것이지 어떻게 마귀의 영이 갖다 주는 것이냐고 반문을 합니다.

생명은 하나님께로부터 온 것이지만, 질병은 파괴적인 생명을 공급하는 마귀로부터 오는 것입니다. 병은 죽이는 것으로, 그것은 죄로 말미암아 온 것이요, 죄의 화신인 사탄이 사망의 세력을 잡고 있습니다.

베드로는 예수님께서 병든 자를 고치신 역사를 이렇게 이야기하고 있습니다.

"하나님이 나사렛 예수에게 성령과 능력을 기름 붓듯 하셨으매 그가 두루 다니시며 선한 일을 행하시고 마귀에게 눌린 모든 사람을 고치셨으니 이는 하나님이 함께 하셨음이라"(행 10:38)

병 그 자체는 억압으로 오나 마귀의 억압을 받는 그 사람은 하나님의 법을 어기고 타락했기 때문에 하나님의 저주를 받아 마귀에게 억압을 받게 된 것입니다.

욥기에 보면 이 사실을 더욱 명확히 알 수 있습니다.

"야훼께서 사탄에게 이르시되 내가 그를 네 손에 맡기노라"(욥 2:6)

"사탄이 이에 야훼 앞에서 물러가서 욥을 쳐서 그 발바닥에서 정수리까지 악창이 나게 한지라"(욥 2:7)

그러므로 질병은 인간의 범죄로 말미암아 율법의 저주를 받아 마귀의 손에 붙인 바 되어 마귀의 힘과 억압으로 발생한 것입니다. 또 "모든 사람이 죄를 범하였으매 하나님의 영광에 이르지 못하더니"(롬 3:23)라는 기록을 보면 오늘날 모든 사람들이 마귀에게 붙인 바 되어 질병의 공격을 받고 있는 것을 알 수 있습니다. 그렇기 때문에 의학적인 방법으로 세상의 질병을 결코 정복할 수가 없는 것은, 인간이 한 가지 질병을 정복하면 마귀는 다른 질병을 또 만들어 내기 때문입니다.

그러면 어떻게 해야 질병에서 놓여남을 받을 수 있을까요? 인류가 죄 사함을 받고 율법의 저주에서 해방을 얻기 전에는 질병에서 완전히 놓여날 수가 없습니다. 그러나 성경은 우리에게 복된 소식을 전해주고 있습니다.

"그리스도 예수 안에 있는 속량으로 말미암아 하나님의 은혜로 값없이 의롭다 하심을 얻은 자 되었느니라"(롬 3:24)

"그리스도께서 우리를 위하여 저주를 받은 바 되사 율법의 저주에서 우리를 속량하셨으니 기록된 바 나무에 달린 자마다 저주 아래에 있는 자라 하였음이라"(갈 3:13)

이와 같은 약속과 은혜의 말씀을 대할 때 하나님의 우리를 향하신 그 사랑의 깊이를 깨달을 수가 있습니다.

공의로우신 하나님께서는 범죄한 인생에게 형벌로써 질병으로 인한 고통을 당하게 하셨으나, 사랑이신 하나님께서는 그의 독생자 예수를 육신의 몸으로 우리 가운데 보내사 우리의 불순종과 죄를 대신하여 저주를 받게 하심으로 율법의 저주에서 우리를 해방시켜 주셨습니다.

그러므로 누구든지 진정으로 죄를 회개하고 주 예수 그리스도의 보혈의 능력으로 죄 사함을 받고 구원을 받으면 자동적으로 율법의 저주에서 놓여나게 되고, 주님께서 "우리를 흑암의 권세에서 건져내사 그의 사랑의 아들의 나라로 옮기셨으니"(골 1:13)라고 하심같이 우리는 율법의 저주인 질병에서 놓여날 수 있습니다. 이것을 우리는 믿어야 합니다. 오늘날 많은 사람들이 주님을 믿고 죄 사함을 받았으나 여전히 질병에 묶여 있는 이유는, 이 진리를 확실히 깨닫지 못함으로 마귀에게 불법으로 눌려있기 때문입니다.

2 기독교는 생명의 도

기독교는 축복의 종교이다

하나님께서는 당신의 형상과 모양대로 인간을 만드신 다음 제일 먼저 인간을 축복하시면서 "생육하고 번성하여 땅에 충만하라 땅을 정복하라 바다의 고기와 공중의 새와 움직이는 모든 생물을 다스리라"고 말씀하셨습니다. 이러므로 하나님께서는 인간에게 축복하시는 하나님으로 당신을 계시하신 것입니다. 오늘날 우리가 맞는 죄악과 절망과 죽음과 고통과 전쟁은 처음 사람이 마귀의 꼬임에 빠져 하나님을 반역했기 때문에 온 것이지 처음부터 하나님께서 주신 것은 아닙니다.

아담과 하와가 하나님의 명령을 어기고 선악을 알게하는 나무의 실과를 따먹은 결과 그들은 하나님께 심판을 받아 영이 죽고 말았습니다. 그 때문에 그들은 하나님과의 교통이 끊어지게 된 것입니다.

또한 그들은 타락으로 인해 육체의 질병과 죽음을 당해야 했습니다. 하나님께서는 명령을 어긴 그들에게 "너는 흙으로 돌아갈 것이니라"(창 3:19)고 저주하셨습니다. 육체가 흙으로 돌아가려면 쇠약해져야 하고 질병에 걸려야 합니다.

나아가서 그들은 하나님께 환경의 저주를 받았습니다. 하나님께서는 아담에게 "땅은 너로 말미암아 저주를 받고 너는 네 평생에 수고하여야 그 소산을 먹으리라 땅이 네게 가시덤불과 엉겅퀴를 낼 것이라 네가 먹을 것은 밭의 채소인즉 네가 얼굴에 땀이 흘러야 먹을 것을 먹으리니"(창 3:17-19)라고 저주하셨습니다.

그러나 둘째 아담이신 예수님께서 이 모든 저주와 절망과 죽음을 십자가에서 다 청산하셨습니다. 예수님께서는 가시는 곳마다 죄인의 죄를 용서하시는 축복을 베푸셨습니다.

천국은 축복 그 자체입니다. 그러므로 성령님의 위대한 역사를 모르고, 하나님께 축복을 구하는 믿음을 기복신앙이라고 무조건 비판하는 사람들의 말에 귀를 기울여서는 안 됩니다. 하나님 앞에서 복을 구하지 말고 그저 윤리적이고 도덕적인 생활만 추구하라고 하는 말에 결코 동요해서도 안 됩니다. 그렇게 주장하는 사람들은 진실로 하나님께서 어떤 분이신지, 신앙이 무엇인지 분명히 알지 못하는 사람들입니다. 성경은 "믿음이 없이는 기쁘시게 못하나니 하나님께 나아가는 자는 반드시 그가 계신 것과 또한 그가 자기를 찾는 자들에게 상 주시는 이심을 믿어야 할지니라"(히 11:6)고 말씀하셨습니다.

이러므로 여러분은 예수님께서 십자가에서 대속하신 은총을 하나님께 구하십시오. 중생의 축복을 구하십시오. 성령 충만의 축복을 구하십시오. 치료의 축복을 구하십시오. 환경의 축복을 구하십시오. 영생과 부활의 축복을 구하십시오. 영혼이 잘됨같이 범사에 잘되며 강건한 축복을 구하십시오.

여러분은 거룩하고 의로운 삶을 살면서 소금과 빛의 직분을 다 해야 합니다. 하나님께 받은 축복을 혼자만 누릴 것이 아니라 하나님의 영광을 위해 가난하고 굶주린 이웃에게 축복을 나누어 주어야 합니다. 성경은 "그가 흩어 가난한 자들에게 주었으니 그의 의가 영원토록 있느니라"(고후 9:9)고 말씀하셨습니다. 우리가 가난한 자들에게 나누어 주려면 먼저 축복을 받아야 합니다. 아무것도 없이 무엇을 나누어 줄 수 있겠습니까?

하나님께서는 축복의 근원이 되십니다. 하나님께서는 우리가 축복을 받아 모든 일에 항상 모든 것이 넉넉하여 모든 착한 일을 넘치게 하기를 원하십니다(고후 9:8).

여러분은 예수 그리스도의 십자가 대속의 은총을 통해 아브라함의 축복을 받고 하나님의 영광을 크게 나타내게 되시기를 주님의 이름으로 축원합니다.

기독교는 병을 고친다

오늘날 복음을 증거하는 사역자 가운데서 신유의 능력을 목회 사역 중에서 제외시킴으로 큰 실수를 범하는 경우가 있습니다.

하나님께서는 복음 증거 중 신유를 제하지 않으셨습니다. "나는 너희를 치료하는 야훼임이니라"(출 15:26)고 말씀하신 하나님께서는 태초에 자신을 계시하실 때에도 구원자와 치료자, 공급자로 계시하셨으며 또한 구약시대 전반에 걸쳐 치료하는 역사가 나타났습니다. 선지자 중에도 신유의 능력이 주어지지 않은 사람은 거의 없었습니다.

그리고 하나님의 아들인 예수님께서 이 땅에 오셔서 말씀을 증거하셨을 때 신유를 사역의 가장 강력한 도구로 사용하셨습니다. 성경에 보면 예수 그리스도의 사역의 3분의 2는 병 고치시는 일로 시간을 보내셨습니다. 3년 반이라는 지상사역 기간 동안 거의 2년이 넘는 기간을 병 고치시는 데 보낸 것입니다.

이처럼 주님께서 심혈을 기울여 병 고치시는 사역에 종사하신 이유는 이 신유의 역사가 하나님의 사랑과 자비와 은혜를 사람들에게 베풀고 구원을 가져오는 데에 가장 효과적인 방법이었기 때문입니다.

예수님께서는 열두 제자가 전도하러 나갈 때에도 회개할 것을 전파하라고 명하심과 동시에 병자를 고치라고 하셨고, 70인의 제자들에게도 같은 말씀을 하셨습니다.

주님께서는 "너희는 온 천하에 다니며 만민에게 복음을 전파하라 믿고 침례를 받는 사람은 구원을 얻을 것이요 믿지 않는 사람은 정죄를 받으리라 믿는 자들에게는 이런 표적이 따르리니 곧 그들이 내 이름으로 귀신을 쫓아내며 새 방언을 말하며 뱀을 집어 올리며 무슨 독을 마실지라도 해를 받지 아니하며 병든 사람에게 손을 얹은즉 나으리라"(막 16:15-18)고 하심으로 복음 증거에 신유를 대동시켰던 것입니다. 그러므로 복음증거와 신유의 역사는 불가분의 관계에 놓여있는 것입니다.

병자가 낫든, 낫지 않든 그것은 차치하고 복음증거와 신유는 보력자들이 반드시 해야 할 의무입니다.

오늘날의 교회가 이 의무를 등한히 하자 교회의 부흥이 그치기 시작했습니다. 주후 300년까지는 교회가 이 의무를 충실히 이행하였으나 그 후 이 의무를 점점 등한히 하기 시작하여 주후 600년이 되었을 때에는 병자를 위한 기도는 거의 사라지고 말았습니다. 그리하여 신유를 위해 기름 바르며 기도하는 의식이 가톨릭에서는 임종하는 사람에게 마지막으로 베풀어주는 의식으로 바뀌어지고 말았습니다.

오늘날 하나님의 교회에 하나님의 은사가 다시 활발히 나타나고 하늘나라가 우리 가운데 뚜렷해지기 위해서는 귀신을 쫓아내며 병을 고치는 역사가 있어야 합니다.

예수님께서는 "내가 하나님의 성령을 힘입어 귀신을 쫓아내는 것이면 하나님의 나라가 이미 너희에게 임하였느니라"(마 12:28)고 말씀하심으로써 천국이 우리 가운데 임하여 있는 증거가 귀신을 쫓아내고 병을 고치는 것이라고 하셨습니다. 그러므로 병 고침은 천국 임재의 증거가 되는 것입니다.

나아가 예수 그리스도가 메시아 된 증거도 병 고치는 것으로 나타내셨습니다. 침례 요한이 예수님께서 진실로 메시아이심을 물었을 때 병 고치시는 사역을 그 증거 중 하나로 제시하셨던 것입니다.

이와 같이 병 고치는 것이 중요하기 때문에 오늘날 귀신들도 병 고치는 흉내를 냅니다. 무당이나 이단 사설들도 병 고치는 흉내를 내어 사람들의 마음을 현혹시킵니다.

그렇기 때문에 우리는 성경에 기록된 신유에 대한 것을 확실히 알고 신유에 대한 근본적인 신관을 마음속에 확고하게 가져야 합니다.

우리 교회가 이만큼 발전하게 된 것은 메시아를 강하게 강조했기 때문이지만 그와 함께 꾸준히 병자를 위한 기도를 해왔기 때문입니다.

우리들의 사는 길

우리 주 예수 그리스도로 말미암아 구원받은 우리 속에는 약동하는 생명의 빛이 있습니다.

우리 주 예수 그리스도께서는 2천 년 전에 하나님의 아들로서 하늘 보좌를 버리시고 이 땅에 육신의 몸으로 오셔서 3년 반 동안 진리와 의를 선포하시다가 종국에는 우리들의 모든 죄와 불의와 추악함을 한 몸에 친히 짊어지시고 십자가에 못 박혀 죽으셨다가 3일 만에 부활하심으로 우리에게 영원한 생명의 구원을 베풀어 주셨습니다.

그러므로 우리가 예수 그리스도의 십자가를 믿을 때 우리는 중생이라는 놀라운 영광의 처음 열매를 맛보게 되는 것입니다.

우리가 십자가를 믿을 때 우리의 육체도 나중에 부활한 영광과 함께 질병에서 고침을 받게 되는 것입니다.

그러므로 성경은 언제나 죄의 용서와 육신의 치료를 동시에 증거하고 있습니다.

예수님께서 제자들에게 복음을 증거하라고 말씀하실 때 "너희는 가서 회개하라 천국이 가까이 왔다 하고 귀신을 쫓아내고 병든 자를 고치라"(막 6:12)고 명령하셨습니다.

베드로전서 2장 24절은 바로 영혼의 구원과 육신의 치료는 함께 이루어져야 함을 밝히고 있습니다.

"저가 채찍에 맞음으로 너희가 나음을 입었다"는 말씀을 바로 나무에 달려 그 몸으로 친히 우리의 죄를 담당하셨다는 말씀과 함께 기록해 놓으신 것입니다.

이렇기 때문에 우리는 영혼의 치료와 함께 건강한 몸으로 하나님을 섬기며 맡긴 바 사명을 다해야 하는 것입니다. 그러므로 우리는 질병에서 놓여남 받는 은혜를 얻기 위해서 하나님의 보좌 앞에 담대히 나아가 기도하며 구할 수 있는 것입니다.

예수님께서는 죄악과 질병과 저주와 죽음과 마귀의 억압을 모두 도말하시고 부활하신 승리자로서 지금도 살아 계셔서 우리와 함께 영원토록 같이 계십니다.

"두려워하지 말라 나는 처음이요 마지막이니 곧 살아 있는 자라 내가 전에 죽었었노라 볼지어다 이제 세세토록 살아 있어 사망과 음부의 열쇠를 가졌노니"(계 1:17-18)

주님께서는 지금 이 순간에도 사망과 절망에 허덕이는 사람들을 생명의 광명한 빛과 영광스러운 천국으로 인도하고 계십니다. 지금이라도 죄를 회개하고 부활하신 예수 그리스도를 구주로 모셔 들이면 예수님께서는 우리의 가슴 속에 가득 차 있는 사망의 권세를 제하여 주시며 영원한 생명으로 채워 주십니다.

우리들의 사는 길은 예수 그리스도를 믿는 길이요, 우리들의 생명의 도는 그리스도를 믿는 수밖에는 없는 것입니다.

3 육신의 건강의 정당성

육신의 건강은 분명히 하나님의 뜻이다

사람이 육신적으로 건강하게 되는 것은 분명히 하나님의 뜻입니다. 그렇지 않고서야 예수님께서 당신의 사역의 삼분의 이를 병 고치시는 데 보내셨을 리 만무합니다. 예수님께서는 12제자를 마을로 보내시면서 "병든 자를 고치며 죽은 자를 살리며 나병환자를 깨끗하게 하며 귀신을 쫓아내되 너희가 거저 받았으니 거저 주라"(마 10:8)고 하셨으며, 70인의 제자들을 둘씩 짝지어 마을로 보내시면서도 "어느 동네에 들어가든지 너희를 영접하거든 너희 앞에 차려놓는 것을 먹고 거기 있는 병자들을 고치고 또 말하기를 하나님의 나라가 너희에게 가까이 왔다 하라"(눅 10:8)고 명령하셨습니다. 또한 승천하시기 전 제자들에게 "믿는 자들에게는 이런 표적이 따르리니 곧 그들이 내 이름으로 귀신을 쫓아내며 새 방언을 말하며 뱀을 집어올리며 무슨 독을 마실지라도 해를 받지 아니하며 병든 사람에게 손을 얹은즉 나으리라"(막 16:17-18)고 말씀하셨습니다. 이 말씀을 통해 우리는 하나님께서 우리가 건강하게 살아가기를 원하신다는 것을 분명히 알 수 있습니다.

신령한 신앙생활을 위해서는 육신이 건강해야 한다

그런데 오늘날 어떤 사람들은 신유가 중요하지 않다고 가르치며 심지어 현대의 교회에서는 신유가 필요하지 않다고까지 주장하곤 합니다. 또한 오늘날 많은 사람들이 육신에 고난을 가하는 것이 곧 신령한 신앙생활로 들어가는 방법인 줄로 오해하고 있습니다. 저도 오랫동안 육신에 고난을 가하므로 신앙생활이 깊고 신령한 생활로 들어갈 수 있는 줄 알았습니다. 그래서 많이 금식도 하고 철야도 하며 몸을 괴롭혔던 적이 있었습니다.

그 결과로 몸이 허약해지고 질병이 들어 많은 고통을 겪곤 했습니다. 이러한 경험을 통해서 깨닫게 된 것은 육신을 괴롭힘으로 말미암아 신령한 신앙생활로 들어가는 것이 결코 아니라는 것이었습니다.

신령한 신앙생활이란 예수 그리스도의 보배로운 피를 의지하여 죄 사함을 받으며, 성령께서 우리 가운데 나타나셔서 하신 말씀을 깊이 깨달아서 그리스도를 알게 될 때 신령한 신앙생활로 들어가게 된다는 것을 알게 된 것입니다. 신령한 신앙생활을 하기 위해서는 우선 우리의 육신이 건강해야 합니다. 우리의 몸이 건강해야만 마음도 건강하며 우리의 신앙도 건강하게 잘 자라날 수 있는 것입니다.

그러면 우리 육신의 건강이 왜 중요한지, 우리의 몸이 왜 중요한지를 알아보도록 하겠습니다.

우리의 육신은 그리스도에게 귀하고 필요한 것입니다.

"몸은 음란을 위하지 않고 오직 주를 위하여 있으며 주는 몸을 위하여 계시느니라"(고전 6:13)

이 말씀은 얼마나 놀라운 충격을 주는지 모릅니다. 몸은 주를 위하여 있다고 말씀하시고 주님께서는 몸을 위하신다고 말씀하셨습니다.

우리의 육체를 위하시므로 우리는 이 몸을 주님께 바쳐서 주님의 소유물이 되도록 헌신해야 할 것입니다. 그러므로 고행으로 육신을 괴롭게 하거나 질병을 가져오는 파괴적인 일은 하지 말아야 합니다.

우리의 육신은 그리스도의 지체입니다. 우리가 세상에 살 때 우리 몸에 지체가 없으면 우리는 어떠한 행동도 할 수 없습니다.

발이 있어야 걸을 수 있으며, 손이 있어야 물건을 집을 수 있고, 눈이 있어야 볼 수 있으며, 귀가 있어야 들을 수 있고, 코가 있어야 냄새를 맡고 숨을 쉬며, 입이 있어야 맛보고 먹고 말할 수가 있습니다. 우리는 우리 몸의 각 지체를 사용하여 우리 자신을 나타낼 수 있는 것입니다.

그러면 오늘날 예수 그리스도께서는 무엇을 통하여 이 세상에 당신 자신을 나타내실 수 있겠습니까? 그리스도는 부활 승천하여 하늘 보좌에 계시면서 성령을 통하여 우리 가운데 나타나시기를 원하십니다. 그래서 주님께서는 그의 지체인 우리의 몸을 필요로 하시는 것입니다.

그리스도는 각 사람들을 통하여 교사로, 선지자로, 다스리는 자로, 능력 행사하는 자로 나타내십니다. 이와 같이 주님께서 세상에 나타나시기 위해서는 그의 몸의 지체를 필요로 하시며, 우리의 몸은 바로 그리스도의 지체입니다. 그러므로 우리는 그리스도의 지체인 몸을 거룩하게 사용하여야 합니다. 우리가 그리스도의 지체된 우리의 몸을 함부로 다루거나 더럽고 추해지도록 방치해 두는 것은 죄라는 사실을 깨달아야 할 것입니다.

우리는 하나님의 성전이며 우리 안에는 하나님의 성령이 거하십니다. 성령께서는 그리스도의 영광과 은혜를 가지고 우리 가운데 오셔서 우리 사람들의 몸 안에 거하시는 것입니다. 우리의 몸은 그리스도의 성전입니다. 성령께서 오셔서 우리의 몸을 점령하고 계시며 우리의 몸을 통하여 구원의 역사를 나타내시므로, 우리의 몸이 파괴된다면 성령께서 거하실 성전을 잃어버리게 되는 것입니다. 이러므로 우리의 육체를 잘 보존하고 건강하게 잘 관리하는 것은 하나님께 지음 받은 우리 인간의 의무입니다.

우리의 몸은 주님께서 값을 주고 사실 만큼 귀하고 필요하고 소중한 것입니다. 주님께서는 우리의 영혼만 값을 주고 사신 것이 아니라 우리의 몸도 피의 값을 주고 사신 바 되었다고 분명히 말씀하셨습니다. 우리의 몸은 주께서 값을 주고 살 정도로 귀하고 필요하고 소중한 것입니다. 그러므로 주님께서는 십자가에 못 박히셔서 그 피 값으로 우리의 죄를 사하셨을 뿐만 아니라 채찍에 맞으므로 우리의 연약함과 질병을 친히 짊어지신 것입니다.

예수 그리스도의 보혈은 우리 영혼의 용서와 성령의 충만한 은혜를 허락하시는 것이요, 그리스도의 깨어진 몸은 우리를 저주에서 해방시키고 육체의 약함과 질병에서 자유와 건강을 주시는 주님의 사랑의 선물입니다.

그러므로 우리는 우리의 건강과 질병의 치유가 얼마나 중요한 것인지 그 중요성을 깨닫고 이를 향하신 하나님의 뜻을 알아야 할 것입니다.

신유에 대한 사도들의 증거

예수님의 수제자였던 베드로는 신유와 구원의 중요성을 이렇게 증거하였습니다.

"친히 나무에 달려 그 몸으로 우리 죄를 담당하셨으니 이는 우리로 죄에 대하여 죽고 의에 대하여 살게 하려 하심이라 그가 채찍에 맞음으로 너희는 나음을 얻었나니"(벧전 2:24)

이는 전도 사업에 있어서 영혼 구원의 증거와 동시에 병 고치는 능력이 얼마나 중요한지를 알려 주는 말씀입니다.

"심지어 병든 사람을 메고 거리에 나가 침대와 요 위에 뉘우고 베드로가 지날 때에 혹 그의 그림자라도 누구에게 덮일까 바라고 예루살렘 부근의 수많은 사람들도 모여 병든 사람과 더러운 귀신에게 괴로움 받는 사람을 데리고 와서 다 나음을 얻으니라"(행 5:15-16)

예수님의 가슴에 기대었던 사도 요한이야말로 예수님의 심정을 누구보다도 잘 이해했던 사람이었을 것입니다. 그는 베드로와 함께, 성전 미문 가에서 날 때부터 앉은뱅이가 되어 구걸을 하던 사람을 예수 그리스도의 이름으로 낫게 해 준 사람이었습니다. 그가 기록한 편지에는 이와 같은 열렬한 뜻이 잘 나타나 있습니다.

"사랑하는 자여 네 영혼이 잘됨 같이 네가 범사에 잘되고 강건하기를 내가 간구하노라"(요3 1:2)

사도 요한은 우리가 영혼의 성결함을 나날이 더 깊이 얻는 것처럼 육신이 병에서 놓여나 강건하기를 그냥 바란 것이 아니라 간절히 바라고 구하였던 것입니다. 그렇다면 다른 사도들은 어떠하였을까요? 그들도 역시 신유와 기적의 나타남을 간절히 사모하였습니다. "주여 이제도 저희의 위협함을 굽어보시옵고 또 종들로 하여금 담대히 하나님의 말씀을 전하게 하여 주시오며 손을 내밀어 병을 낫게 하시옵고 표적과 기사가 거룩한 종 예수의 이름으로 이루어지게 하옵소서"(행 4:29-30)라고 합심기도 하였으며, 또한 하나님께서는 그러한 사도들의 기도를 기쁘게 받으셨습니다.

하나님께서 그들의 기도를 들으시고 성령을 충만케 하심으로 그들은 담대히 하나님의 말씀을 전할 수 있었고 많은 무리들이 예수의 부활을 믿고 큰 은혜를 얻게 되었던 것입니다.

여기에서 알 수 있는 것과 같이 사도들은 말씀의 증거와 신유와 이적을 분리해서 생각하지 않았을 뿐만 아니라, 그들은 하나님의 이 이중적 은혜를 받기 위해 간절히 기도하였고 또 그렇게 가르쳤던 것입니다.

사도 바울은 주 예수님을 직접 대하지는 않았지만 주님의 부활 승천 후 놀라운 신앙 체험을 통하여 주님을 영접하고 소명을 받아 사도 중 제일 크고 많은 일을 한 위대한 인물이었습니다. 그 또한 성령의 역사하심에 대해 이러한 증거를 하였습니다.

"그러므로 내가 그리스도 예수 안에서 하나님의 일에 대하여 자랑하는 것이 있거니와 그리스도께서 이방인들을 순종하게 하기 위하여 나를 통하여 역사하신 것 외에는 내가 감히 말하지 아니하노라(롬 15:17, 18)

오늘날 어떤 사람들은 복음 증거와 함께 성령의 능력으로 표적과 기사를 나타내는 것을 옳지 않다고 여기며 그러한 역사를 하는 것을 비난하기도 합니다. 그러나 사도 중의 사도인 바울은 이 모든 일로 인하여 자랑을 하며 "그리하여 내가 예루살렘으로부터 두루 행하여 일루리곤까지 그리스도의 복음을 편만하게 전하였노라"(롬 15:19)라고 말하였습니다. 사도 바울의 복음 증거는 이 일로 인하여 성공할 수 있었으므로 이를 자랑하였던 것입니다.

"하나님도 표적들과 기사들과 여러 가지 능력과 및 자기의 뜻을 따

라 성령이 나누어 주신 것으로써 함께 증언하셨느니라"(히 2:4)

하나님께서는 분명히 이렇게 말씀하셨습니다. 그럼에도 불구하고 오늘날 우리들은 하나님의 말씀을 전할 때에 말과 지혜의 아름다운 것으로 하려고 고집하며 애를 쓰고 있지는 않습니까? 이에 대해 우리는 정직한 대답을 해야만 할 것입니다.

표적과 기사의 능력이나 성령의 능력은 복음의 승리적 증거에 반드시 필요한 것입니다. 또한 하나님께서 교회 안에 세워 놓으신 이 은사를 우리는 주님의 영광을 위해서 사용해야 할 것입니다.

물론 이와 같은 귀한 은사를 오용하고 남용하여 많은 광신적인 일들이 있는 것은 안타깝기 그지없는 일입니다. 하나님의 선한 역사가 있을 때마다 마귀는 그것을 망쳐 놓으려고 광명한 천사의 모양으로 나타나 갖은 궤계로 방해하려고 애를 쓰는 것입니다. 더구나 주님의 사업에 크게 중요한 일이면 일일수록 사탄의 발악은 더욱 심해지는 것입니다.

우리 속담에 '구더기 무서워서 장을 못 담겠는가' 라는 말이 있습니다. 우리는 그러한 사탄의 역사가 강하게 임할수록 뒤로 물러서서는 안됩니다.

"성도에게 단번에 주신 믿음의 도를 위하여 힘써 싸우라"(유 1:3)는 말씀처럼 우리는 이 말씀을 굳게 잡고 마귀의 정체를 밝혀내어 진리를 말씀 위에 세우고 복음의 도리를 증진시켜야만 될 것입니다.

사람은 누구나 그들 영혼 속에 기적을 바라는 천성을 가지고 있습니다. 왜냐하면 인간은 기적의 하나님께로부터 나왔기 때문입니다.

우리는 마귀가 인간의 본성의 요구를 악용해서 귀중한 영혼을 멸망으로 이끌어 가지 못하도록 우리의 참된 목자 되신 예수 그리스도의 능력의 손길을 보여 주어야 합니다. 그러므로 우리는 기사와 이적과 병 고치는 은혜가 필요한 것임을 알고, 이를 위하여 옛날의 사도들처럼 간절히 기도함으로 하나님의 역사를 체험하도록 해야 하겠습니다.

마음의 질병

약의 노예 시대

아마 후대에서는 현시대를 가리켜 '약의 노예였던 시대'라고 평할지도 모릅니다. 전 세계를 통하여 엄청난 양의 약들이 매일 소모되고 있습니다. 사람들은 이제 잠들기 위해 약을 먹고, 깨기 위해 약을 먹습니다. 아스피린이나 진통제 등이 없는 가정이 없을 정도입니다.

외적인 형태로 볼 때 인간은 육신의 장막을 덮어쓰고 살고 있지만 그 영혼은 하나님의 형상과 모양대로 지음을 받았으므로 인간을 이해하려고 할 때 단순히 육체적인 면으로만 보게 되면 큰 실수를 범하게 됩니다. 인간에게는 육체의 병 이외에도 눈에 보이지 않으면서 인간의 생명을 도적질하고 죽이고 멸망시키는 병이 있습니다. 그것은 바로 마음의 병입니다.

"무릇 지킬 만한 것 중에 더욱 네 마음을 지키라 생명의 근원이 이에서 남이니라"(잠 4:23)

"마음의 즐거움은 양약이라도 심령의 근심은 뼈로 마르게 하느니라"(잠 17:22)

그러면 우리 생명의 근원이 되는 마음을 병들게 하는 것을 알아보고 여기에 대한 창조주 하나님의 처방은 어떤 것인지를 알아보겠습니다.

마음에 병을 가져다주는 것

육신의 생각이 우리 마음속에 들어오면 그때부터 마음의 병을 유발시킵니다.
아담과 하와의 생애 속에 마음의 병이 들기 시작한 것은 그들이 하나님의 신령한 말씀을 듣지 아니하고 육신의 정욕과 안목의 정욕과 이 세상의 자랑을 좇도록 하는 마귀의 말에 귀를 기울이고 난 이후부터입니다. 그러므로 오늘날에도 육신의 생각은 우리의 마음을 병들게 합니다.

"육신을 따르는 자는 육신의 일을, 영을 따르는 자는 영의 일을 생각하나니 육신의 생각은 사망이요 영의 생각은 생명과 평안이니라 육신의 생각은 하나님과 원수가 되나니 이는 하나님의 법에 굴복하지 아니할 뿐 아니라 할 수도 없음이라 육신에 있는 자들은 하나님을 기쁘시게 할 수 없느니라"(롬 8:5-8)

우리 마음속에는 매일 수많은 생각들이 마치 강물이 흘러가듯 지나가는데 육신의 생각이 우리 마음을 점령하면 하나님과 우리를 원수가 되게 하고 우리 생애를 사망으로 이끌어 갑니다. 그러므로 마음을 병들게 하는 병원체는 육신의 생각입니다.

그러면 육신의 생각이란 어떤 것을 말할까요? '무엇을 먹을까, 무엇을 마실까, 무엇을 입을까' 이것이 육신의 생각일까요? 그렇지 않습니다. 육신의 생각이란 죄악 된 생각을 말하는 것입니다.

성경은 육신의 생각에 대해 분명히 말하고 있습니다.

"육체의 일은 분명하니 곧 음행과 더러운 것과 호색과 우상 숭배와 주술과 원수 맺는 것과 분쟁과 시기와 분냄과 당 짓는 것과 분열함과 이단과 투기와 술 취함과 방탕함과 또 그와 같은 것들이라 전에 너희에게 경계한 것 같이 경계하노니 이런 일을 하는 자들은 하나님의 나라를 유업으로 받지 못할 것이요"(갈 5:19-21)

하나님을 반역하게 하고 진리를 거역하게 하는 육신의 생각이 우리의 마음을 점령하면 사망의 병에 들게 됩니다. 그래서 부모 자식 간에 싸우게 되고, 이웃 간에 알력이 생기며, 음란죄로 말미암아 가정이 파괴되고, 우상, 탐심으로 사랑을 잃게 되며, 시기와 분노로 헐뜯고 물고 찢어 서로가 망하게 되고 맙니다.

그러면 홍수처럼 몰려오는 육신의 생각들이 우리 마음을 점령하지 못하게 하고 살아가기 위해서는 어떻게 해야 할까요?

인간은 어느 누구를 막론하고 육신의 생각은 끊임없이 지나가고 있습니다. 이것을 피할 수는 없습니다. 다만 육신의 생각이 우리 마음을 점령하지 못하도록 끊임없이 싸워야 하는 것입니다. 새가 우리 머리 위로 날아다니는 것은 우리가 막을 수 없습니다. 그러나 우리 머리 위에 새가 둥지를 만들고 알을 까도록 내버려둔다면 그것은 우리에게 책임이 있습니다.

마찬가지로 우리 눈으로 봄으로 육신의 생각이 지나가고, 우리 귀로 들음으로 육신의 생각이 지나가며, 우리가 생각함으로 육신의 생각이 우리 마음에 쉴 새 없이 지나가지만, 이 육신의 생각이 우리 마음속에 둥우리를 만들도록 내버려두지 않으면 되는 것입니다.

그러면 우리가 어떻게 해야 육신의 생각을 물리치고 영의 일을 생각할 수 있을까요? 영의 일만을 생각하려면 그러한 기회를 많이 줘야합니다. 사람은 환경의 지배를 받습니다. 그렇기 때문에 육신의 일을 듣고, 보고, 말하는 환경 가운데 있게 되면, 육신의 생각이 눈으로, 귀로, 말로써 마음속에 들어와 자리를 잡게 되어 결국은 사망에 이르고 맙니다. 그러므로 우리 마음속에서 육신의 생각을 밀어내고 영의 일을 생각할 수 있도록 하기 위해서는 영의 일을 듣고, 보고, 말할 수 있도록 기회를 줘야합니다.

그러기 위해서는 먼저 주일이면 교회에 와서 하나님께 예배를 드림으로써 그날 하루 동안에는 육신의 일을 생각하지 않도록 해야 됩니다. 이와 같이 우리는 주일에 교회에 나와서 하나님께 예배드리고 말씀을 들음으로 하나님의 생각을 우리 마음속에 채워야 엿새 동안 육신의 생각이 꽉 들어찬 세상 속에서도 승리하며 살아갈 수 있습니다.

여러분들의 마음을 병들게 하는 병원체는 육신의 생각입니다. 그러므로 마음속에서 육신의 생각을 쫓아내면 병든 마음이 고쳐질 수 있습니다. 주의 날을 거룩하게 지키고, 물질생활 가운데 십일조의 제단을 반드시 쌓으며, 기회 있을 때마다 예수 그리스도와 진리에 대한 말을 이웃에게 증거하고, 생활에서 방언기도를 많이 함으로써 성령 충만함을 받으면 육신의 생각이 여러분의 마음을 점령하지 못하고 쫓겨나며, 그대신 영의 생각이 넘치게 될 것입니다.

염려와 근심은 마음을 병들게 합니다

이 세상을 살아가다 보면 염려와 근심이 끊임없이 들어와서 사람의 마음을 억압합니다. 의사들은 말하기를, 오늘날 인간 육체의 병의 70%가 마음의 억압으로 말미암은 것이라고 합니다.

"하나님이 나사렛 예수에게 성령과 능력을 기름 붓듯 하셨으매 그가 두루 다니시며 선한 일을 행하시고 마귀에게 눌린 모든 사람을 고치셨으니"(행 10:38)

이렇게 마귀는 사람의 마음에 스트레스를 주어 우리로 하여금 병들게 합니다.

그러면 우리가 어떻게 해야 마음에 염려와 근심이 없이 이 세상을 살아갈 수 있을까요? 삶을 살아갈 때 염려와 근심은 끊임없이 다가옵니다. 문제가 없는 사람은 한 사람도 없습니다. 문제가 다가왔을 때 그 문제를 내가 능히 짊어질 수 있다면 염려하고 근심할 것이 없습니다. 그런데 문제가 다가와서 내가 그 문제에 눌리게 되면 마음에 염려와 근심이 생기게 됩니다.

그러므로 인생을 살아갈 때 믿음의 분수에 넘치는 일을 하지 말아야 됩니다. 내가 믿어지지 않는 것, 내 믿음의 분수에 넘치는 일을 탐욕으로 시작해 놓으면 내 힘으로 다 당해낼 수가 없어서 염려하고 근심합니다. 믿음의 분수를 넘어서 일을 시작한 다음 다가온 염려와 근심을 없애 달라고 부르짖어 기도해도 소용이 없습니다. 성경은 " 하나님께서 각 사람에게 나누어 주신 믿음의 분량대로 지혜롭게 생각하라"(롬 12:3)고 하셨습니다. 각 사람마다 믿음의 분량이 주어져 있습니다. 그 분량을 알아서 그 범위 내에서 일을 하면 믿음의 분량이 점점 자라게 되고 그에 따라 일도 그만큼 커지게 되는 것입니다. 그러나 믿음의 분량을 넘는, 분수에 넘치는 일을 도모하면 파멸에 이르고 맙니다.

다음으로 염려와 근심을 이기기 위해서는 하나님의 나라와 그의 의를 먼저 구해야 됩니다.

우리가 하나님의 나라, 예수 그리스도의 영광을 먼저 구하며 살면 하나님께서 우리 삶의 자원이 되어 주십니다. 그렇게 되면 이 세상의 자원이 고갈된다 하더라도 하나님께서 우리의 자원이 되어 주셔서 우리가 필요한 것을 다 채워주시는 것입니다.

우리가 염려와 근심을 이기기 위해서는 주님께 기도해야 합니다.

"그가 내게 간구하리니 내가 응답하리라 그들이 환난 당할 때에 내가 그와 함께 하여 그를 건지고 영화롭게 하리라"(시 91:15)

그러므로 우리가 환난을 당하면 기도원에 가서 금식기도를 하

질병과 치료

든지 철야기도를 하든지 하나님께 간구하고 부르짖어 기도하면 하나님께서 환난이 오히려 더 큰 영광이 되도록 변화의 기적을 베풀어 주십니다.

마지막으로 염려와 근심을 이기기 위해서는 모든 것을 주님께 맡겨야 됩니다.

우리가 주님께 모든 것을 맡겨버리면 주님께서 우리를 돌보아 주신다고 성경은 말씀하고 있습니다. 그러므로 우리가 하나님께 모든 것을 맡기면 염려와 근심을 이길 수 있습니다.

세상을 살아가면 염려와 근심이 끊임없이 다가옵니다. 그러나 믿음의 분량대로 일을 시작하고, 그의 나라와 그의 의를 먼저 구함으로 하나님을 무한한 축복과 생명의 자원으로 삼고 살며, 일이 있을 때마다 주님께 부르짖어 기도하고, 모든 일을 주님께 다 맡기면 주님께서 함께 역사하사 그 따르는 표적으로 말씀을 확실히 증거하시고 도와주시며, 염려와 근심 대신 평안히 자리에 눕고 평안히 일어날 수 있는 마음의 평안을 허락해 주십니다.

잘못된 대인관계는 마음을 병들게 합니다

우리는 사람을 피해서는 살 수 없습니다. 집에는 남편, 아내, 자식, 시부모 등 가족이 있고, 또 이웃이 있으며, 직장에 나가면

상사와 동료가 있어서 사람을 피해서는 살 수 없게 되어 있습니다. 그런데 마음속에 미움과 시기, 질투와 분노가 들어오면 우리 마음을 병들게 하고 산산조각이 나게 합니다.

　미움은 자기의 심령을 병들게 합니다. 미움은 자기 마음을 파괴하고 자기 마음을 독소로 가득 채워 놓습니다. 이러므로 미워하지 마십시오. 미운 사람에게 원수 갚는 길은 미운 사람을 미워하지 않고 도리어 내가 기뻐하는 것입니다. 미운 사람을 미워하면 나만 병들기 때문에 여러분의 마음에 미움의 요소가 들어오면 미운 사람을 축복해 주십시오.

　"네 원수가 주리거든 먹이고 목마르거든 마시게 하라"(롬 12:20)는 성경의 말씀은 원수를 위해 하신 말씀이 아니고 나를 위해 하신 말씀입니다.

　시기와 질투도 아주 무서운 것입니다. 남을 시기하고 질투하는 사람의 입에서 좋은 말이 나오지를 않습니다. 남을 헐뜯고 할퀴는 말만 하다보면 자기의 마음속은 황무지가 되고 맙니다. 시기와 질투는 인간의 생활을 파탄에 이르게 합니다.

　분노도 잘못된 대인관계를 가지게 합니다. 심리학자들은 분노가 인간을 우울증에 걸리게 하는 주원인이라고 말합니다. 사람이 분노하여 화를 내고 나면 그 다음 자기 연민에 빠집니다. "아이고, 내 팔자야, 어쩌다가 내가 이렇게 되었지?" 하고 신세한탄을 하며 자기 연민에 빠지면 다음 단계로 우울증에 걸립니다. 우울증에 걸리면 색안경을 끼고 세상을 보기 때문에 기쁨과 즐거움을 잃고 맙니다.

그러면 우리가 어떻게 해야 미움과 시기, 질투와 분노를 없앨 수 있을까요? 이는 감사로 제사를 드리는 길밖에는 더 좋은 방법이 없습니다. 미운 사람이 오면 "주여, 저 사람이 제게 왔으니 감사합니다."하고, 시기와 질투가 생기면 "하나님이여, 저 사람이 나보다 일을 더 잘하니 감사합니다."하며, 화가 나도 "하나님 아버지, 이러한 처지에 있어도 주님께서 붙들어 주시니 감사합니다."하고 감사를 드리십시오.

그러면 "감사로 제사를 드리는 자가 나를 영화롭게 하나니 그의 행위를 옳게 하는 자에게 내가 하나님의 구원을 보이리라"(시 50:23)는 말씀대로 하나님의 구원이 와서 우리를 붙잡아 주어 우리가 능히 이길 수 있게 해주십니다. 미움과 시기, 질투와 분노는 마음을 병들게 합니다. 그러므로 시기, 질투와 미움과 분노가 다가올 때 감사로 대하면 그것은 중화되어 버리고 맙니다.

자신을 잃어버릴 때 인간의 마음은 병이 듭니다

열등의식과 좌절감은 인간의 마음을 비뚤어지게 합니다. 일본에 가보면 대부분의 교포들이 열등의식과 좌절감에 빠져 비뚤어진 눈으로 일본을 바라보는 것을 볼 수 있습니다. 내가 일본에 가서 부흥회를 하기만 하면 교계의 지도자격인 분들도 이렇게 나를 비난합니다.

"조 목사는 일본에 왔으면 70만 교포들을 위한 부흥회나 할 것이지 무엇 때문에 왜놈들을 위해 부흥회를 하나? 왜놈들이 구원받으면 무엇 해."

이것은 마음이 비뚤어져 있기 때문에 그러한 말을 하는 것입니다. 하나님 앞에서는 일본 사람과 한국 사람의 구별이 있을 수 없습니다. 십자가에 달리신 예수님께서는 당신을 못 박은 사람들을 위해서 "아버지여 저들을 사하여 주옵소서 자기들이 하는 것을 알지 못함이니이다"(눅 23:34)라고 기도했습니다. 우리 이웃이 잘못되면 우리도 잘못 살게 됩니다. 미국의 경우, 백인들만 사는 곳에 흑인이 들어와 살면 백인들이 모두 도망을 갑니다. 그러므로 자기가 잘 살려면 이웃을 먼저 변화시켜 놓아야 합니다.

일본의 1억여 인구 가운데 기독교 신자는 불과 백만밖에 되지 않습니다. 일본에는 죄악이 창궐합니다. 그런데 그 죄악이 이웃 나라인 우리나라에 수입되지 않는다는 보장은 없습니다. 그러므로 일본을 먼저 복음화해야 합니다.

뿐만 아니라 사람이 늙어서 아무 필요 없는 인간이 되었다고 생각하면 절망하게 되어 마음에 병이 들고 맙니다. 그러므로 젊은 사람들이 나이 많은 사람들과 한 자리에 앉아서 이야기를 할 때는 조심을 해야 합니다. 부지중에 당신은 나이가 많으므로 더 이상 필요치 않다는 말을 하면 그분에게 큰 타격을 주게 됩니다.

그러면 우리가 어떻게 해야 열등의식과 좌절감, 또 나는 필요 없는 인간이 되었다는 생각에서 해방될 수 있을까요? 그렇기 위해서 구원을 받아야합니다.

"사람이 만일 온 천하를 얻고도 제 목숨을 잃으면 무엇이 유익하리요"(마 16:26)

예수님의 말씀과 같이 사람이 온 천하를 얻고도 자기 목숨을 잃으면 아무 소용이 없습니다. 그러므로 구원을 얻고 하나님을 섬기는 일, 이것보다 가치 있는 일은 없습니다. 온 세상이 쓸모없다고 나를 버려도 하나님께서는 쓸모가 있어서 나를 택하여 예수님을 믿게 해 주셨고 또한 나는 예수님을 위하여 산다는 생각을 하면 가슴을 펴고 살 수 있습니다.

그러므로 예수님을 믿으면 열등의식과 좌절감이 없어집니다.

인간은 영입니다. 인간은 또한 마음을 가지고 삽니다. 마음이 병들면 구원받은 인생이라도 하나님의 사명을 다할 수 없습니다. 우리는 영으로 하나님을 섬기고, 우리의 영이 하나님과 더불어 우리의 마음을 통하여 세상의 일을 합니다. 그러므로 마음이 병들지 말아야 됩니다. 마음이 병들면 자기 자신이 괴로울 뿐만 아니라 자기 가족을 괴롭히고, 자기 이웃을 괴롭히며, 이 세상에서 가시노릇밖에 할 수 없는 것입니다.

마음의 양약

그러면 우리는 어떻게 해야 끊임없는 마음의 즐거움과 얼굴의 광채를 가지고 살 수 있을까요?

우리는 창조주 되신 하나님과 올바른 관계에 들어가야만 합니다.

하나님께서 지으신 하늘을 지붕 삼고 하나님의 땅 위에서, 하나님께서 만드신 만물을 누리며 사는 인생이 하나님과 적대관계에 있다면 마음에 참된 평화나 기쁨을 가질 수 없을 것입니다.

오직 하나님께서 보내신 구원의 선물인 우리 주 예수 그리스도를 믿으므로 그 흘리신 피가 하나님과 우리 사이를 화목케 할 때 비로소 우리 영혼은 깊은 평안과 기쁨을 얻게 됩니다.

때와 환경에 지배받지 않는 평안과 기쁨은 하나님과 동업하는 생애에 나타납니다. 세상의 평안과 기쁨은 살얼음 위를 걷는 것처럼 때와 환경에 따라 좌우됩니다. 그러나 순종과 믿음으로 천지의 대주재이신 하나님을 아버지로 모시고 섬기며 사는 삶에는 샘물과 같은 평안과 기쁨이 끊임없이 넘쳐납니다. 하나님께서 늘 우리를 돌봐 주시기 때문입니다.

영원한 평안과 기쁨은 오직 영원한 소망이 있을 때에만 가능합니다. 일시적인 소망은 순간적인 기쁨을 줍니다. 그러나 영원한 소망은 영원한 기쁨을 줍니다. 이 영원한 소망은 오직 우리 주 예수님의 죽으심과 부활하심을 따라 우리에게 주시는 믿음을 통해서 가능합니다.

예수 그리스도를 구주로 모시고 새 하늘과 새 땅을 소망 중에 바라보며 열심히 창조하고 건설하되 결코 이 땅에 얽매이지 않는, 사라져버릴 것들에 목숨을 거는 노예적 생활을 벗어버리고 행인과 나그네와 같은 마음으로 살아갈 때 삶의 짐은 한결 가볍고 쉬워지는 것입니다.

이와 같은 마음에는 늘 평화와 기쁨이 지하수같이 흐르게 됩니다. 지하수의 흐름은 어떤 때는 밖으로 크게 노출되기도 하고, 어떤 때는 산과 골짜기 밑으로 스며들어 흐르기도 합니다. 우리의 삶을 강건케하고 가장 행복하게 하는 양약은 바로 이것입니다.

예수 그리스도의 복음 선포는 철학이나 의식이나 새로운 종교를 주기 위함이 아니라 문자 그대로 가난한 자에게 복음을 들려주고, 포로 된 자에게 자유를 주며, 눌린 자를 자유케 하고, 은혜의 날을 전파하는 실질적으로 체험하고 누릴 수 있는 복음인 것입니다.

그러므로 마음이 병든 사람은 예수님이 구주이심을 믿고, 하나님을 사랑하며, 주님을 섬기기 위해 사는 삶을 살 때 마음과 육신이 병마로부터 놓여남을 받고 영원한 기쁨의 삶을 살아갈 수 있는 것입니다.

5 우리를 향하신 하나님의 뜻

-
-
-

　오늘날 이 세상에는 얼마나 병이 많습니까? 이 때문에 사람들은 불안과 공포를 가지고 살아가고 있습니다. 그리고 사람들은 이 불안과 공포로 인해 기쁨을 잃고 살아갑니다. 그러나 예수 그리스도를 통해 하나님과 계약을 맺은 사람은 하나님의 치료가 넘쳐나는 것을 알기 때문에 불안과 공포에 묶이지 않고 기뻐하며 살아갈 수 있는 것입니다.

　우리를 향하신 하나님의 뜻은 영적 성장과 풍성한 축복에 있습니다. 그러나 오늘날 많은 사람들은 하나님의 뜻이 고통과 실망을 주는 데 있다고 잘못 생각하고 있습니다. 이는 태초에 마귀가 아담과 하와를 유혹했던 것에서부터 기인합니다. 마귀는 하와에게 선악을 아는 나무의 실과를 따먹으라고 하면서 "너희가 결코 죽지 아니하리라 너희가 그것을 먹는 날에는 너희 눈이 밝아져 하나님과 같이 되어 선악을 알 줄 하나님이 아심이니라"(창 4:4-5)

고 유혹했습니다. 마귀의 이 말에는 하나님께서는 인간을 고통스럽게 하신다는 간교한 뜻이 포함되어 있습니다.

하나님께서는 우리가 행복한 삶을 살고 기쁨의 삶을 살며 축복된 삶을 살기를 원하십니다. 예수님께서도 "하늘에 계신 너희 아버지께서 구하는 자에게 좋은 것으로 주시지 않겠느냐"(마 7:11)고 말씀하셨습니다. 하나님께서는 이 말씀을 통해 당신의 뜻을 분명히 밝히셨습니다.

병에 대한 하나님의 태도

하나님께서 우리의 병드는 것이나 병고침 받는 것에 대한 아무런 계시도 주시지 않았다면 우리는 하나님께 병 고침 받게 해주십사고 기도할 수가 없습니다. 그러나 하나님께서는 우리의 병에 대한 태도를 분명히 밝혀 주셨습니다. 하나님께서는 성경을 통하여 예수 그리스도 안에서 우리에게 베풀어 주실 일곱 가지 은혜에 대하여 하나님의 이름으로 계시해 주셨습니다.

사람의 이름은 그 사람의 행위와 운명에 중대한 영향력을 줍니다. 하나님께서 아브람을 '아브라함'으로, 사래를 '사라'로, 야곱을 '이스라엘'로 바꾸셨고, 예수님께서도 시몬을 '베드로'로 바꾸셨던 사실에서 우리는 사람의 이름이 그 사람의 현재와 미래에 지대한 영향을 끼침을 알 수 있습니다.

성경에는 하나님이 우리에게 계시하신 하나님의 이름 일곱 가지가 있습니다. 하나님께서 우리에게 당신의 이름을 가르쳐 주신 것은 하나님이 우리에게 어떤 일을 해주시겠다는 뜻을 적극적으로 보여주신 것입니다.

야훼 이레

창세기 22장 14절에 보면 하나님께서 아브라함에게 '야훼 이레'라는 하나님의 이름을 가르쳐 주셨습니다. 아브라함이 모리아산에 올라가서 이삭을 막 번제물로 드리려고 할 때 천사가 "네 아들에게 손대지 말라."고 하므로 중단했습니다. 그런데 어디선가 산양의 울음소리가 들려 살펴보니 산양 한 마리가 덩굴에 뿔이 걸려 있었습니다. 그래서 아브라함은 그 산양을 잡아서 그것을 번제물로 드렸습니다. 그곳에서 하나님께서는 아브라함에게 '야훼 이레'(야훼께서 준비하심)라는 하나님의 이름을 계시해 주셨던 것입니다.

야훼 닛시

그 다음 하나님께서는 출애굽기 17장 15절에 '야훼 닛시'라는 이름을 우리에게 보여 주셨습니다. '우리의 깃발이 되시는 하나님'이라는 뜻입니다. 전쟁에 나가서 이기면 맨 먼저 깃발을 높이 세우지 않습니까? 하나님이 우리의 깃발이라는 것은 곧 하나님께서 우리의 생활에 있어서 승리자가 되심을 말해 줍니다. 인간의 힘은 벽에 부딪치나 우리가 하나님을 의지하고 나가면 하나님께서 우리의 깃발이 되셔서 우리가 앉고 서는 곳마다 승리의 깃발을 높이 들 수 있게 해주시는 것입니다.

야훼 삼마

또 에스겔 48장 35절에 하나님의 이름을 '야훼 삼마'로 계시해 주셨습니다. '야훼 삼마'란 '우리와 함께 계신 하나님'이라는 뜻입니다. 주님께서는 이같이 말씀하셨습니다.

"내가 너희를 고아와 같이 버려두지 아니하고 너희에게로 오리라"
(요 14:18)

"그 날에는 내가 아버지 안에, 너희가 내 안에, 내가 너희 안에 있는 것을 너희가 알리라"(요 14:20)

야훼 샬롬

나아가 사사기 6장 24절에 보면 하나님의 이름이 '야훼 샬롬'이라고 나와 있습니다. '야훼 샬롬'은 '우리의 평화 되시는 하나님'이라는 뜻입니다. 인류의 조상 아담과 하와가 하나님을 반역하는 죄를 지음으로써 하나님과 우리는 원수가 되고 말았습니다. 죄의 삯은 사망입니다. 하나님께서는 심판주로서 우리 죄인들을 심판하시려 했습니다. 그러나 하나님께서 '야훼 샬롬'이라는 이름을 계시하시고 예수 그리스도에게 인류의 모든 죄를 다 짊어지고 청산토록 하셨습니다. 그래서 이제 예수 그리스도 안에서 하나님은 우리의 원수가 아니요, 심판관도 아닙니다. 예수 그리스도 안에서 우리는 하나님과 화평하게 되었습니다. 그러므로 하나님께서는 '야훼 샬롬'이십니다.

야훼 라하

또 하나님께서는 시편 23편 1절에 '야훼 라하'라는 이름을 밝히셨습니다. '우리의 목자 되시는 하나님'이라는 뜻입니다. 목자는 양을 푸른 초장에 눕게 하고 쉴 만한 물가로 인도하며 양을 위해 목숨도 아끼지 않습니다. 이처럼 하나님께서는 우리를 푸른 초장으로, 쉴만한 물가로 인도하시며 하나님의 아들 예수님을 이 땅에 보내셔서 우리를 위해 목숨을 버리게 하셨습니다. 이러므로 하나님께서는 우리의 목자가 되십니다.

야훼 찌드게누

그 다음 예레미야 23장 6절에 하나님께서는 '야훼 찌드게누'라는 이름을 계시해 주셨습니다. '야훼 찌드게누'란 '우리의 의가 되시는 하나님'이라는 뜻입니다. 우리는 죄를 짓고 불의하며 추악하고 버림을 받아야 마땅한 존재들입니다.

"의인은 없나니 하나도 없으며"(롬 3:10)

"모든 사람이 죄를 범하였으매 하나님의 영광에 이르지 못하더니"
(롬 3:23)

그러나 우리는 예수 그리스도 안에서 믿음으로 의롭게 되었습니다. 하나님께서는 우리에게 의를 선물로 주신 '야훼 찌드게누'이십니다.

야훼 라파

마지막으로 하나님께서는 출애굽기 15장 26절에 '야훼 라파'라는 이름을 계시해 주셨습니다. 그 말은 '우리의 의사되시는 하나님'이라는 뜻입니다.

하나님께서 우리의 병을 고쳐주실 의향이 없으시다면 무엇 때문에 인류에게 계시한 이름 가운데 '야훼 라파'라는 이름을 우리에게 계시해 주셨겠습니까? 문 앞에 '내과', '외과', '산부인과', '소아과' 등의 간판이 붙여진 병원 안에 들어가면 간판에 명시된 종목의 병을 고치는 의사가 있습니다. 병원 간판만 걸어놓고 의료행위를 하지 않는 곳은 없습니다.

이와 같이 하나님께서 '야훼 라파'라는 간판을 걸어놓으셨기 때문에 우리는 하나님이 우리의 병을 고쳐 주시는 분이심을 알 수 있습니다.

그런데 이 '야훼 라파'는 극적으로 예수 그리스도 안에 나타나셨습니다. 지금으로부터 2천 년 전 이 땅에 오신 예수님을 통하여 하나님께서는 당신의 이름으로 우리에게 약속해 주신 모든 것을 다 이루셨습니다. 하나님은 예수님을 통하여 예비하셨으며, 예수님을 통하여 우리의 승리가 되셨으며, 예수님을 통해 우리의 의로움이 되실 뿐만 아니라 예수님을 통하여 우리의 병을 고치시는 하나님으로 나타나셨던 것입니다.

예수님은 목회사역 기간의 삼분의 이를 병 고침으로 보내셨습니다. 주님께서다는 산상보훈을 말씀하신 후 내려오시다가 문등병자를 고치시고, 중풍병자를 고치시며, 열병에 걸린 자를 고쳐 주셨고, 귀신들린 자에게서 귀신을 쫓아내 주셨습니다. 하나님께서는 예수님을 통해 '야훼 라파' 이심을 분명히 나타내 주셨던 것입니다.

병에 대한 예수님의 태도

예수님께서는 열두 제자들과 70인 제자들에게, 또 교회에 병고치는 의식을 집행하도록 명령하셨습니다.

그뿐만 아니라 하나님께서는 우리 가운데 와 계시는 성령님을 통하여 병 고치는 은사를 주셨습니다.

"다른 사람에게는 같은 성령으로 믿음을, 어떤 사람에게는 한 성령

으로 병 고치는 은사를"(고전 12:9)

만일 하나님께서 우리 병을 고쳐주실 뜻이 없으시다면 성경에 우리의 영혼 구원과 함께 우리 병을 고치시는 하나님의 역사를 소개하고 있지 않을 것입니다.
"예수께서 그 열두 제자를 부르사 더러운 귀신을 쫓아내며 모든 병과 모든 약한 것을 고치는 권능을 주시니라"(마 10:1)

또한 열두 제자만 가지고는 도저히 일손이 모자라서 70인의 제자들을 불러 모으셨습니다. 그리고 70인의 제자들을 두 사람씩 짝을 지어 보내시며 분명하게 말씀하셨습니다.

"어느 동네에 들어가든지 너희를 영접하거든 너희 앞에 차려놓는 것을 먹고 거기 있는 병자들을 고치고 또 말하기를 하나님의 나라가 너희에게 가까이 왔다 하라"(눅 10:8-9)

예수님께서 얼마나 집요하게 병을 고치시겠다는 결의가 있으셨든지 열두 제자들 뿐 아니라 70인의 제자들에게까지 병을 고치며 복음을 전하라고 명령하셨던 것입니다.
그리고 예수님께서는 부활하시고 승천하시기 전에도 최후의 명령을 하셨습니다. 유언이란 대단히 중요합니다. 평소 부모에게 불순종했던 사람일지라도 부모가 세상을 뜰 때 유언을 남기면 그 유언에 순종하려고 합니다. 예수님께서도 지상을 떠나실 때 하신 유언이 있습니다.

"너희는 온 천하에 다니며 만민에게 복음을 전파하라 믿고 침례를 받는 사람은 구원을 얻을 것이요 믿지 않는 사람은 정죄를 받으리라 믿는 자들에게는 이런 표적이 따르리니 곧 그들이 내 이름으로 귀신을 쫓아내며 새 방언을 말하며 뱀을 집어올리며 무슨 독을 마실지라도 해를 받지 아니하며 병든 사람에게 손을 얹은즉 나으리라"(막 16:15-18)

병 고치는 일이 중요하지 않다면 무엇 때문에 예수님께서 유언을 남기실 때 만민에게 복음을 증거하라는 말씀과 함께 귀신을 쫓아내며 병을 고치라고 말씀하셨겠습니까?

이렇게 볼 때, 한 사람도 병을 앓고 생명이 중도에서 꺾어지는 일이 없게 되기를 원하시는 예수님의 집요한 열정을 우리는 알 수 있습니다.

예수님께서는 병과 인연이 멉니다. 예수님께서 오시기 6백 년 전에 선지자 이사야는 "그는 실로 우리의 질고를 지고 우리의 슬픔을 당하였거늘"(사 53:4)이라고 예언하셨습니다.

예수님께서 얼마나 병을 미워하셨으면 병을 갖기 위해 빌라도의 뜰에서 등과 허리와 가슴팍이 갈기갈기 찢기도록 채찍을 맞고

붉은 피를 흘리셨겠습니까?

"저가 채찍에 맞음으로 너희가 나음을 입었도다"라는 말씀을 통하여 볼 때 병은 결코 축복이 아니라 형벌임을 알 수 있습니다. 아담과 하와가 죄를 짓고 하나님을 반역한 결과 이 세상에 병이 온 것입니다. 그 때문에 예수님께서는 이 병을 처리하시기 위해 직접 등을 내밀고 그 형벌을 당하셨습니다. 갈기갈기 찢어진 등과 허리에서는 피가 쏟아져 내렸습니다. 그러나 예수님께서는 모든 인류의 병을 제하시기 위해서 그 고통을 참으셨습니다. 그래서 성경은 말씀하십니다.

"저가 채찍에 맞음으로 너희는 나음을 입었나니"(벧전 2:24)

그 채찍에 맞으신 예수님의 피의 부르짖음이 오늘날 교회들을 향해 우렁차게 외치고 있습니다.

성경은 또한 "새 언약의 중보자이신 예수와 및 아벨의 피보다 더 나은 것을 말하는 뿌린 피니라"(히 12:24)고 말씀하셨습니다. 등과 허리에 채찍을 맞으시고 흘리신 예수님의 피가 오늘날 우리에게 말하고 있다는 말씀입니다. "나는 너희가 병 앓는 것을 원치 아니한다. 병은 형벌이지 축복이 아니다. 내가 대신 형벌을 짊어지고 채찍을 맞았으며 피를 흘렸으니 너희는 병 고침을 받으라." 는 예수님의 피의 부르짖음입니다. 이 피의 부르짖음을 우리가 무시하고 등한히 하면 예수 그리스도의 뜻을 거스르는 것이 되고 맙니다.

예수 그리스도로 인한 죄 사함과 병 고침은 손바닥과 손등과 같이 언제나 병행하는 것입니다. 죄 사함과 병 고침은 결코 분리될 수 없습니다. 예수님께서 분리하지 아니하셨고, 또 복음을 증거하는 제자들에게도 분리하지 말 것을 말씀하셨습니다. 이러므로 우리는 복음을 증거하는 곳마다 죄 사함을 받게 하고 성령을 받게 함으로, 내적인 병이 낫게 하고, 예수님의 이름으로 기도해서 육신의 병도 고침 받게 해야 할 것입니다.

"예수 그리스도는 어제나 오늘이나 영원토록 동일하시니라"(히 13:8)

예수님께서는 오늘도 우리를 구원하시고 치료하시며 마귀에게서 해방시켜 주시기를 원하고 계십니다.

예수님께서는 우리의 위대하신 치료자이십니다. 이러므로 우리가 예수님 앞에 나올 때 구원받고 죄 사함을 받을 뿐 아니라 영과 마음과 몸 전체가 치료함을 받아 영혼이 잘됨 같이 범사에 잘되고 강건하며 생명을 얻되 넘치게 얻는 것을 믿어야만 하겠습니다.

6 질병에서 해방받으라

죄 사함을 받고 그 죄에서 해방받는 과정이 전제되어야 한다

성경에는 인간의 사망은 죄의 삯이라고 분명히 기록되어 있습니다. 그리고 우리의 생활체험을 통하여 볼 때 사망의 처음 시작은 바로 육신의 썩어짐인 질병에서 출발합니다.

사람이 아무리 많은 죄를 지었다고 할지라도 육신이 죽기 전에는 지옥으로 떨어지지 않습니다. 그러나 육신이 죽으면 그 영혼은 곧 사망의 종착역인 음부로 떨어지고 마는 것입니다. 육체의 사망은 썩어짐에서 시작되고 그 썩어짐의 시작이 바로 질병입니다. 병이 들면 폐가 썩고, 위장이 썩고, 몸 전체가 썩어 들어가기 시작합니다.

이 썩어짐이 깊어지면 사망을 가져오고, 구원받지 못한 채로 이 육체적 사망을 당한 사람은 영원한 영혼의 사망까지 당하게 되는 것입니다.

그러므로 육신의 썩어짐의 시작인 질병에서 놓임을 받기 위해서는 먼저 그것의 근원인 죄를 사함 받고 그 죄에서 해방 받는 과정이 전제되어야만 합니다.

성경에는 신유에 대한 확실한 근거가 있습니다. 사도 바울은 "그는 사망을 폐하시고 복음으로써 생명과 썩지 아니할 것을 드러내신지라"(딤후 1:10)고 분명히 말했습니다.

우리는 그리스도를 믿음으로 죄의 용서를 받고 우리 속에 영생을 받아들이게 되는 것입니다. 그리고 이 영생은 우리가 이 땅에 있을 동안에 이미 우리 마음속에서 시작되며 이 영생으로 말미암아 맺어진 열매는 썩어짐에서의 해방인 것입니다.

썩어짐이란 바로 육신의 썩어짐이 그 시작이므로 우리가 썩어짐에서 해방을 받는다고 할 때 당연히 병의 치료를 기대할 수 있습니다.

죄의 삯으로 사망이 왔고, 사망이 썩어짐을 가져왔으며, 썩어짐의 시작이 질병인 것처럼 우리가 예수로 말미암아 용서를 받고 구원을 얻는 시작이 곧 이 땅에서 질병으로부터 해방을 얻는 것입니다. 그러므로 예수님께서는 복음을 증거하는 처음 시작부터 죄의 용서와 썩어짐에서 해방받는 사람에게 썩어짐의 시작인 질병에서 놓여남을 받아 썩지 아니하는 영원한 생명의 첫 열매를 맛보게 해주셨던 것입니다.

그러므로 예수 그리스도의 복음을 증거하는 자는 마땅히 예수 그리스도의 이름으로 병 고침을 위해서 기도함으로써 육체의 썩어짐에서 해방을 받고 건강하게 주님을 섬기다가 나중에 영원한 부활의 영광에 참예하여야 할 것입니다.

우리의 제물을 쪼개자

우리가 하나님의 은혜를 받고 병 고침을 받기 위해서는 우리의 제물을 쪼개어 하나님 앞에 드려야 합니다. 제물 중에 가장 위대한 재물은 바로 예수 그리스도입니다. 아브라함이 제물로 드린 삼 년 된 암소와 암염소와 수양은 바로 예수 그리스도의 모형인 것입니다. 예수님께서는 이 땅에서 삼 년 반 동안 복음을 증거하시고, 아브라함이 제물을 쪼갰던 것처럼 겟세마네 동산에서 완전히 자신을 쪼개셨습니다.

"내 아버지여 만인 할 만하시거든 이 잔을 내게서 지나가게 하옵소서 그러나 나의 원대로 마시옵고 아버지의 원대로 하옵소서"(마 26:39)

주님께서 이렇게 자신을 쪼개자 아브라함이 쪼갠 제물 사이로

횃불이 지나가듯 하나님의 성령의 불이 임하여 능력을 주심으로 주님께서는 능히 십자가를 지실 수 있었던 것입니다.

우리가 소원을 응답 받으려면 하나님께 제물을 드려야 하는데 그 제물은 바로 우리들 자신이어야 합니다. 사도 바울은 "너희 몸을 하나님이 기뻐하시는 거룩한 산 제물로 드리라"(롬 12:1)고 말했습니다. 우리는 자신을 제물로 드리되 쪼개어야 합니다. 우리 자신을 쪼개지 않으면 성령의 불이 통과하지 않아 하나님의 능력이 임하실 수 없기 때문입니다. 아브라함은 암소와 암염소 등 여러 가지 제물을 드렸습니다. 우리도 하나님 앞에 쪼개어야 할 것이 여러 가지 있습니다.

주님께서 우리에게 받고자 하시는 제물은 사랑의 제물, 믿음의 제물, 헌신의 제물, 의의 제물, 이 네 가지입니다. 이 네 가지 제물을 하나님께 드리면 하나님의 축복이 여러분 가운데 임하게 됩니다. 이러한 제물을 드리지도 않고 입으로만 간구해서는 하나님의 응답을 받을 수가 없습니다.

그러므로 아브라함이 하나님 앞에 제물을 드렸듯이 우리들도 기도 응답을 받기 위해서는 하나님께 제물을 드려야 합니다. 바로 우리 자신이 사랑의 제물, 믿음의 제물, 헌신의 제물, 의의 제물이 되기 위해서 우리 자신을 쪼개야 하는 것 입니다.

우리가 우리 자신을 쪼개지 않으면 솔개가 덤벼듭니다. 아브라함은 제물 중 짐승들을 쪼개면서 새들은 쪼개지 않았습니다. 그 때문에 솔개가 그것들을 채가기 위해 자꾸 제물을 덮쳤습니다.

우리는 우리 속에 있는 미움을 들어내고, 불신앙을 들어내고, 불헌신을 들어내고, 아집을 들어냄으로써 하나님의 성령의 불이 우리를 지나게 하고 성령의 능력으로 하나님께 합당한 제물이 되십시다. 그래서 하나님께서 아브라함에게 언약과 계시를 주신 것처럼 우리들에게 하나님의 축복의 언약과 축복의 계시가 넘쳐나도록 하십시다.

마음의 쓴물을 달게 만들어야 한다

지금까지 병에 대한 하나님의 태도와 병 고침은 하나님과 우리 주 예수 그리스도의 적극적인 뜻임을 알아보았습니다. 만인 여러분이 병을 앓고 있다면 병 고침을 받기 위해 어떻게 해야 할까요? 애굽에서 나온 이스라엘 백성들이 수르 광야에 들어와서 사흘 길을 걸어도 물을 발견하지 못하여 몹시 목이 말라 있는데 선두에서 가던 사람들이 물을 발견했습니다. "물이다!"라는 소리를 듣고 사람들은 그곳으로 달려가 물을 마셨으나 써서 먹을 수가 없었습니다. 이렇게 되자 이스라엘 백성들은 모세를 원망했습니다. 모세가 하나님께 기도하자 하나님께서 한 나무를 지시하시므로 그 나뭇가지를 꺾어서 물에 던지자 물이 달아져서 모든 사람들이 마음껏 물을 마시고 갈증을 해소했습니다. 그런데 하나님께서 쓴 물을 달게 한 그 자리에서 병을 고쳐주신다는 위대한 언약을 주셨던 것입니다.

"이르시대 너희가 너희 하나님 나 야훼의 말을 들어 순종하고 내가 보기에 의를 행하며 내 계명에 귀를 기울이며 내 모든 규례를 지키면 내가 애굽 사람에게 내린 모든 질병 중 하나도 너희에게 내리지 아니하리니 나는 너희를 치료하는 야훼임이니라"(출 15:26)

왜 하나님께서는 쓴물을 달게 만드신 후에 당신의 의사되심을 계시하셨을까요? 하나님께서는 이를 통해 우리에게 깊은 뜻을 가르쳐주고 계십니다.

우리가 죄악의 애굽 세상을 살아오면서 기갈에 처하지 않는 사람은 한 사람도 없었습니다. 이스라엘 백성들은 수르 광야에 들어와서 육신의 기갈에 처했지만 우리는 사랑의 기갈에 처해있습니다. 믿음의 기갈에 처해있습니다. 소망의 기갈에 처해있습니다. 평안의 기갈에 처해있습니다. 그래서 각자의 가슴 속에 쓴물을 가지고 인생을 살아가고 있습니다. 우리의 가슴을 열어보면 미움의 쓴물, 죄책의 쓴물, 좌절감의 쓴물, 공포의 쓴물, 불안의 쓴물이 가슴 가득합니다. 가슴 속에 간직한 채로 하나님께 아무리 병을 고쳐 주십사고 기도해도 병 고침을 받지 못합니다.

성경은 지금으로부터 수천 년 전에 병 고침을 받으려면 마음속에 있는 쓴물부터 달게 해야 된다고 말씀하고 있습니다. 오늘날 의사들이 말하기를, 사람의 병의 원인은 70%이상이 마음에서부터 비롯된다고 합니다. 그런데 성경은 그 옛날부터 마음에서 병의 뿌리가 내린다고 말씀하고 있습니다. 그러므로 마음의 쓴물을 달게 만들어야 그 다음 육체적인 병도 고침을 받는 것입니다.

오늘날 사람들은 가슴 속의 쓴물을 달게 하기는커녕 더 원망하고, 더 탄식하고, 더 미워하고, 더 불안해하고, 더 깊게 좌절하여 쓴물을 더욱 쓰게 하고 있습니다. 모세가 하나님께서 지시하신 나뭇가지를 던져서 쓴물을 달게 한 것처럼 우리도 우리의 가슴 속에 나뭇가지를 던져 쓴물을 달게 해야겠습니다. 그렇기 위해서는 나뭇가지를 던져야 하는데 우리는 어떤 나뭇가지를 던져야 할까요? 모세가 쓴물에 던진 나뭇가지는 예수 그리스도의 십자가를 상징하고 있습니다.

예수 그리스도께서는 우리를 위하여 십자가에 못 박혀 몸 찢으시고 피 흘리시며 돌아가셨다가 부활하셨습니다. 그러므로 우리가 십자가에 달리셨던 예수님을 의지하지 않으면 우리의 가슴 속에 있는 쓴물을 달게 할 수 없습니다. 우리는 예수님의 십자가의 은혜로 말미암아 미움을 사랑으로, 죄책감을 의로, 좌절감에서 용기와 희망을, 공포와 불안에서 평안을 가질 수 있습니다. 우리가 예수 안에서 회개하고 그리스도를 구주로 모시고 그의 십자가를 통하여 우리 영혼의 쓴물을 달게 해야 주님께서 우리 육체의 병을 고쳐 주실 수 있습니다.

너무나 많은 사람들이 영혼의 쓴물을 달게 만들지 아니하고 육체의 병 고침을 받으려고 하는데 이것은 성경에 명시된 순서에 어긋나는 행위입니다. 하나님께서는 지금도 예수 그리스도의 십자가를 통해 여러분에게 죄 사함 주시기를 원하십니다. 미움을 없애 주시고 불안과 공포에서 해방시켜 주시기를 원하시며 여러분의 영혼이 좌절감에서 벗어나 믿음과 소망과 사랑으로 가득 채워지기를 원하고 계십니다. 이렇기 때문에 우리가 하나님 앞에 나와서 십자가를 통하여 먼저 영혼의 쓴물을 달게 함으로써 영적인 문제를 해결할 때 주님께 병 고침을 구할 수 있는 자격을 얻게 되는 것입니다.

최선을 다해 믿음과 순종의 삶을 살아야 한다

"너희가 너희 하나님 나 야훼의 말을 들어 순종하고 내가 보기에 의를 행하며 내 계명에 귀를 기울이며 내 모든 규례를 지키면"(출 15:26)

이 말씀을 대하면 누구나 "누가 이 말씀대로 행할 수 있겠는가?"하고 탄식하게 될 것입니다. 그러나 오늘날 우리는 이 말씀대로 할 수 있습니다. 예수 그리스도는 율법과 계명의 완성이 되시기 때문에 누구든지 예수님을 믿고 주님께 순종하면 하나님의 율례와 계명과 법도를 모두 지키는 것이 됩니다. 그래서 그리스도 안에서 믿음과 소망과 사랑을 가지고 순종하며 나오는 사람에게 주님께서는 "나는 너희 병을 치료하는 야훼다. 애굽 사람에게 내린 모든 질병의 하나도 너희에게 내려오는 것을 허락하지 않겠다."고 말씀하십니다.

여기서 말하는 애굽이란 죄악 세상을 의미합니다. 예수님을 믿지 않는 세상, 하나님을 반역하는 죄악 세상을 애굽에 비유하고 있는 것입니다. 오늘 애굽에는 얼마나 많은 종류의 병이 있습니까? 당뇨병, 각종 암, 노이로제, 관절염, 신경통 등 수많은 병들이 사람의 생명을 좀먹어가고 있습니다.

그런데 성경은 "내가 애굽 사람에게 내린 모든 질병의 하나도 너희에게 내리지 아니하리니 나는 너희의 병을 치료하는 야훼임이니라"고 말씀하고 있습니다. 그러므로 오늘 주님 앞에 나와서 예수님을 구주로 모셔들이고 그의 보혈로 죄 사함을 받고 십자가로 가슴 속의 쓴물을 달게 한 다음 최선을 다하여 믿음과 순종의 삶을 살며, 육체의 병 고침을 받기 위하여 담대하게 의사 되시는 하나님께 믿음으로 구하면 병 고침을 받게 되는 것입니다.

그런데 우리가 이 세상에 살 동안 완전히 죄를 벗어 버리지 못하는 것처럼 육체의 병도 항상 다가옵니다. 한 번 세수하고 얼굴이 깨끗하게 되었다고 해서 죽을 때까지 세수하지 않는 사람이 있습니까? 한번 방청소를 했다고 이튿날 방청소를 안합니까? 그렇지 않습니다. 먼지와 티끌이 항상 우리 곁을 떠나지 않기 때문에 우리는 아침저녁으로 세수하고 아침저녁으로 방청소를 합니다. 먼지와 티끌이 늘 우리에게 달라붙듯 우리가 사는 이 세상에는 항상 죄가 우리에게 다가오므로 늘 주님 앞에 나와 회개해야 합니다.

이처럼 질병도 끊임없이 다가오기 때문에 우리는 최선을 다하여 위생을 지켜야 하고 또한 의사의 도움을 받아야만 합니다. 예수님께서도 "건강한 자에게는 의원이 쓸 데 없고 병든 자에게라야 쓸 데 있느니라"(마 9:12)고 말씀하셨습니다. 그러나 인간의 능력이 벽에 부딪칠 때 우리는 하나님 아버지께서 우리의 의사이심을 잊어서는 안됩니다.

그렇지만 병이 없는 완전한 건강은 부활의 그날에야 우리에게 다가옵니다. 이 약한 몸이 강한 몸으로, 이 육의 몸이 신령한 몸으로 변화될 때 병과 죽음과는 영원한 이별을 하게 될 것입니다. 주님께서 이 일을 다 이뤄 놓으시고 그 보증으로 우리에게 성령을 주셨습니다. 그러므로 우리는 성령 안에서 소망을 가지고 부활의 그날을 기다리고 있습니다. 그날에는 죄가 우리를 공격하지 못할 것이요, 마귀가 우리를 시험치 못할 것이요, 육신의 연약과 질병이 우리를 좀먹지 못할 것이며 우리는 주 안에서 영원한 자유를 얻고 영광 가운데서 주님과 함께 살게 될 것입니다.

병 고침 받는 것이 전적으로 하나님의 뜻임을 알아야 한다

우리가 병 고침을 받기 위해서는 하나님 앞에서의 우리의 태도가 하나님의 뜻에 합당한 것이어야 합니다. 또한 우리가 하나님 앞에 병 고침 받기를 구할 때는 우리 마음 가운데 병 고침 받는 것이 전적으로 하나님의 뜻임을 알아야 합니다.

"오직 믿음으로 구하고 조금도 의심하지 말라 의심하는 자는 마치 바람에 밀려 요동하는 바다 물결 같으니 이런 사람은 무엇이든지 주께 얻기를 생각하지 말라"(약 1:6-7)

마태복음 8장에 극적인 장면이 나옵니다. 예수님께서 산에서 팔복에 대해 말씀하시고 산 밑으로 내려오셨습니다. 예수님께서는 산상에서 실로 신령하고 복된 영적인 말씀을 하셨습니다. 그런데 예수님께서 영적인 말씀만을 들려주는 것으로 그치셨을까요? 결코 그렇지 않습니다. 예수님이 무리에 옹위된 채 산 아래로 내려오는데 문둥병자 한 사람이 주님 앞에 뛰어 나왔습니다. 이 스라엘에서는 문둥병자가 성한 사람 곁에 못 오게 되어 있습니다. 문둥병자가 길을 가다가 저만큼 성한 사람이 오는 것을 보면 "부정하다."고 큰 소리로 외쳐 성한 사람이 가까이 오지 않도록 해야 합니다. 만일 문둥병자가 성한 사람 곁에 오면 돌로 쳐 죽여도 괜찮게 되어 있었습니다.

그런데 이 문둥병자는 예수 그리스도로 말미암아 병 고침을 받아야겠다는 뜨거운 소원이 있었기 때문에 목숨을 잃을 각오를 하고 예수님 앞에 뛰어나와서 무릎을 꿇었던 것입니다. 그 장면을 한번 상상해 보십시오. 갑자기 문둥병자 한사람이 예수님 앞에 꿇어앉는 것을 보고 성한 사람들이 동서사방으로 흩어지면서 당장이라도 돌로 쳐죽이기 위해 손에 돌을 들고 눈을 부라리며 서 있었을 것입니다.

주님 앞에 무릎을 꿇은 문둥병자는 애원하는 눈으로 예수님을 쳐다보며 "주님, 주께서 원하시면 저를 깨끗게 하실 수 있나이다."라고 했습니다. 문둥병자는 예수님께서 자기의 병 고침을 원하시는지 아닌지를 몰랐습니다. 그러나 문둥병자는 주님께서 병을 고쳐 주시는 권능을 가지고 있음을 알았습니다. 그 때문에 예수님 앞에 나왔을 때 "주께서 원하시면 저를 깨끗하게 하실 수 있습니다."라고 말했던 것입니다.

모든 사람들이 예수님과 문둥병자를 바라보고 있었습니다. 사람들은 주님께서 병 고침에 대하여 어떤 태도를 취하는가를 주시했습니다. 예수님께서는 서슴치 않고 손을 내밀어 그에게 얹으시며, "내가 원하노니 깨끗함을 받으라"(마 8:3)고 말씀하셨습니다. 그러자 즉시 그의 문둥병이 깨끗해졌습니다.

예수님께서는 병 고침에 대한 주님의 뜻을 세세토록 전하기 위해서 그냥 문둥병자에게 손을 대고 기도만 하신 것이 아니라 "내가 원하노니 깨끗함을 받으라"고 말씀하셨습니다. 예수님께서는 여러분의 영혼이 구원받기를 원하시고, 여러분의 병이 고침받기를 원하셨던 것입니다. 우리가 죄 사함을 받고 구원받는 것은 주님의 뜻이요, 소원임을 안 이후에는 내가 구원받는 것이 주님의 소원을 이루어 드리는 것이기 때문에 우리는 조금도 두려워하지 않고 이렇게 기도할 수 있습니다.

"주님, 저의 죄를 용서해 주시옵소서. 주께서 저의 죄를 용서해 주실 줄 믿습니다."

이와 마찬가지로 여러분의 병을 고침받는 것은 주님의 소원을 이루어드리는 것이기 때문에 의사되시는 하나님 앞에 나와 예수 이름으로 추호도 의심하지 않고 담대하게 믿음으로 "나의 병을 고쳐 주시옵소서."라는 기도를 할 수 있는 것입니다. 여러분이 그러한 기도를 할 때 성경은 "네 믿은 대로 될지어다"(마 8:13)고 말씀하십니다.

하나님은 막다른 골목에 서 계십니다. 인간이 마지막이라고 생각한 곳에서 하나님의 역사는 시작되고, 인간이 가장 처절한 절망 가운데 빠져있을 때가 바로 하나님의 기적이 나타나는 때입니다.

　사람들은 등 따뜻하고 배부르게 되면 인간의 수단과 방법으로 무엇이든지 할 수 있다고 생각하여 하나님을 매사에 인정하려고 하지 않습니다. 그러나 가장 비참한 처지에서 낙심하지 않고 하나님을 의지할 때 절망은 소망의 문으로, 막다른 골목은 기적의 출발점으로 변하게 되며 이때가 될 때까지 하나님은 기다리십니다.

　그러므로 여러분은 어떠한 절망 속에 있을지라도 낙심하지 마시고 하나님의 약속의 말씀을 믿으십시오. 우리가 가장 어두울 때 하나님의 가장 찬란한 태양이 떠오르는 것입니다.

7 구원과 신유

-
-
-

신유는 십자가의 대속으로 말미암은 것이다

질병이란 히브리어로 '홀리'라고 하는데, 우리말로는 '질고'라고 번역되어 있습니다. '고통'은 '마크오브'인데, 이는 '간고' 혹은 '슬픔'이라는 말로 병상의 고통과 아픔으로 다가오는 슬픔을 말하는 것입니다.

"그는 실로 우리의 질고를 지고 우리의 슬픔을 당하였거늘"(사 53:4)

이 말씀은 우리 주 예수님께서 우리의 병을 짊어지시고 그로 인한 온갖 아픔과 고통과 슬픔을 대신 당하셨음을 밝히 말해주는 것입니다.
또한 "저물매 사람들이 귀신 들린 자를 많이 데리고 예수께 오거늘 예수께서 말씀으로 귀신들을 쫓아 내시고 병든 자들을 다 고치시니 이는 선지자 이사야를 통하여 하신 말씀에 우리의 연약한 것을 친히 담당하시고 병을 짊어지셨도다 함을 이루려 하심이더라"(마 8:16-17)는 말씀은 예수님의 신유의 역사가 분명히 십자가의 대속으로 말미암아 오는 것이라는 것을 밝히 보여주고 있습니다.

신유는 성령의 은사이다

신유는 또한 성령의 은사 중 하나입니다. 보편적으로 믿는 자들에게 따르는 표적은 신유의 역사와 성령으로, 특별히 신유의 은사를 받는 경우가 있습니다. 신유의 은사를 받으면 전격적인 신유의 역사가 나타나게 됩니다.

여러분께서 믿음의 은사를 받게 되더라도 믿음을 통하여 신유의 역사가 크게 나타날 수 있습니다.

그러므로 "하나님, 저의 생애 속에 병 고치는 역사가 크게 일어날 수 있도록 성령께서 역사하여 주옵소서."라는 기도를 쉬지 않고 해야만 합니다. 이 일이 예수 그리스도의 사랑과 자비를 일반에게 전달할 수 있는 가장 좋은 방법이기 때문입니다.

마귀는 이 세상 사람들을 병들게 합니다. 병의 많은 부분은 마귀가 갖다 주는 것입니다. 원래 병이란 의학적으로 볼 때 병균이 사람 몸에 붙어서 몸의 정상적인 구조를 파괴하는 것을 말하는데 그 병균의 근원체가 바로 그 병 귀신인 것입니다. 그러나 우리는 예수님의 이름으로 그 병과 고통에서 해방을 가져옴으로 예수님의 복음을 나타내야 합니다.

신유의 은사는 복음에 따르는 필수적인 것이다

병 고치는 은혜는 복음에 부수적인 것이 아니라, 반드시 포함되어야 할 필수적인 것임을 알아야 합니다. 신유는 있어도 좋고 없어도 좋은 은사 중의 하나가 아니라 주 예수 그리스도의 대속의 고난 중에 포함되어 있는 반드시 증거되어야 하는 하나님의 선물인 것입니다. 어느 누구든지 예수님의 대속 중에 병 고침이 포함되지 않았다고 한다면 죄의 용서함 역시 예수님의 대속 중에 포함되지 않았다고 하는 것과 마찬가지입니다. 이사야 53장에 기록된 예언을 보면 죄의 대속에 사용된 동사가 질병을 대속하는 데서도 동일하게 사용되고 있기 때문입니다. 그러므로 우리가 예수님의 질병의 대속에 관하여 확신이 없다면 죄의 대속에 관하여도 마찬가지일 것이고, 그렇게 한다면 복음의 메시지는 무력하고 불확실하게 되고 마는 것입니다.

우리는 그리스도의 대속의 고난 중에 죄의 용서함과 질병의 치료함이 동시에 있음을 분명히 깨달아야 할 것입니다.

예수님께서 우리를 대신하여 죄악을 친히 담당하시고 죄를 짊어지셨다면 이는 동시에 우리의 질고를 대신 지시고 우리의 아픔을 대신 당하신 것입니다. 우리가 값없이 믿음으로 구원을 얻었으면 또한 병 고침도 반드시 믿음으로 값없이 얻는 것입니다. 그러므로 누구든지 저를 믿는 자마다 죄 사함과 병 고침을 받게 되는 것입니다.

구원과 신유는 동일한 은혜이다

하나님께서는 변치 않는 성경의 확실한 예언의 말씀을 통하여, 우리 주 예수님이 우리의 죄악과 질고의 아픔을 친히 담당하시고 짊어지심으로 우리를 구속하실 것을 알려주셨습니다.

그런데 많은 사람이 지금도 죄악과 질병에 묶여있는 이유는 그들이 이 기쁜 소식을 모르기 때문입니다. 이사야는 계속해서 질병을 대속하신 고난의 종 예수님에 관하여 예언하고 있습니다.

"그가 채찍에 맞으므로 우리가 나음을 받았도다"(사 53:5)는 이 말씀을 사도 베드로는 그의 서한에서 분명하게 밝히고 있습니다.

"친히 나무에 달려 그 몸으로 우리 죄를 담당하셨으니 이는 우리로 죄에 대하여 죽고 의에 대하여 살게 하려 하심이라 그가 채찍에 맞음으로 너희는 나음을 얻었나니"(벧전 2:24)

이렇게 베드로는 죄의 용서와 질병의 고침을 동일한 십자가의 대속의 은총 중에 묶어 놓았던 것입니다.

그러므로 구원과 신유는 예수님의 고난을 통하여 우리들에게 주시는 동일한 은혜인즉 우리는 끈기 있게 믿음의 기도를 하므로 구원과 신유를 다 받아들여야 합니다. 베드로는 단호히 "너희가 나음을 얻었다"고 선언하고 있습니다. 그러므로 우리는 우리를 향하여 외치시는 성령님의 훈계 앞에 고개를 숙이고 이유 없이 채찍에 맞으신 그리스도의 병 고치시는 은혜를 받기 위하여 그 은혜의 보좌 앞에 담대히 나아가야 할 것입니다.

우리의 질병은 이미 3천 년 전에 다 고쳐졌습니다. 사도 베드로는 "너희는 나음을 얻었나니"라고 과거적 동사를 사용함으로써 우리의 나음이 미래도 아니요, 현재도 아닌 과거의 일임을 선언하였습니다. 질병의 문제는 이미 2천 년 전에 해결된 것입니다. 이제 남은 문제는 오직 이 사실에 대한 우리의 지식과 믿음이 문제인 것입니다.

하나님께서 그 아들을 보내사 우리의 아픔과 고통과 병을 친히 담당케 하시고 짊어지게 하심은 하나님께서 우리의 질병을 고치시기를 원하고 계신다는 사실을 우리에게 밝히 보여주고 있습니다.

그러므로 오늘날 하나님께서 병 고치시기를 원치 않는다고 말하는 것은 하나님의 뜻을 거스르는 중대한 잘못을 저지르는 것입니다. 하나님께서는 지금도 우리를 향해 이렇게 말씀하고 계십니다.

"사랑하는 자여 네 영혼이 잘됨 같이 네가 범사에 잘되고 강건하기를 내가 간구하노라"(요3 1:2)

8 나는 너희를 치료하는 야훼임이니라

인간 비애의 역사

하나님께서 사람을 만드셨을 때는 사람에게 죽음이라는 것이 없었습니다. 그러나 사람이 죄를 범하자 하나님께로부터 정녕 죽으리라는 선고를 받았습니다.

"야훼 하나님이 그 사람에게 명하여 이르시되 동산 각종 나무의 열매는 네가 임의로 먹되 선악을 알게 하는 나무의 열매는 먹지 말라 네가 먹는 날에는 반드시 죽으리라"(창 2:16-17)

사람은 영과 육으로 만들어졌기 때문에 죽음도 영과 육이 함께 당하는 것입니다.
하와가 뱀(마귀)의 꾀임을 받아 하나님께서 먹지 말라고 하신 선악과를 따먹었고 또 남편 아담에게도 주어서 먹게 함으로 그들은 하나님의 명령을 어기고 죽음의 심판을 받게 된 것입니다.

"너는 흙이니 흙으로 돌아갈 것이니라"(창 3:19)

이 말씀으로부터 인간 비애의 역사는 시작된 것입니다. 아담과 하와가 하나님을 거역함으로 그들의 영은 그 즉시로 하나님과의 교제가 끊어져서 죽게 되었습니다. 여기에서의 죽음이란 것은 없어진다는 것이 아니라, 인간의 영이 생명의 근원되시는 하나님과 분리되고 부패해지기 시작하는 것을 말합니다.

하나님께서는 하나님과 분리되어 영이 죽은 아담과 하와가 혹시나 그 손을 들어 생명나무 실과도 따 먹고 영생할까하여, 즉 영혼이 죽은 상태에서 생명나무 실과를 먹고 그 육체가 영원히 죽음을 면할까하여 하나님께서는 그 사람들을 에덴에서 쫓아내셨던 것입니다. 그러자 그때로부터 사망의 권세는 영혼을 부패시키고 육체를 죽이기 시작했습니다.

이와 같이 인간의 죽음은 죄로 말미암은 것이므로 인간의 삶도 대속으로 말미암아야 하는 것입니다. 현재 우리들의 육체의 죽음은 그보다 먼저 영혼의 죽음으로 인한 것입니다.

"질병이 그의 피부를 삼키리니 곧 사망의 장자가 그의 지체를 먹을

것이며"(욥 18:13)

'사망의 장자'란 영혼의 죽음을 말하며, 이 영혼의 죽음은 그가 거하는 지체 중 백체를 먹을 것이라고 말했습니다. 아담이 범죄하자 그의 영혼은 즉시로 죽었고 그 결과로 그 육체는 먼저 죽은 사망의 장자로 말미암아 서서히 먹히기 시작한 것입니다.

하나님께서 인간의 육체를 얼마나 완전하게 만들어 놓으셨던지 영혼이 죽은 후에도 그 사망의 세력이 육체를 죽이는데 거의 천 년에 가까운 세월이 걸렸습니다. 그러나 오늘날과 같이 죄악이 심히 관영한 시대는 사망의 세력이 육체를 죽이는 데 백 년도 채 걸리지 않게 된 것을 보게 될 때 얼마나 인간이 죄악에 철저히 묶여 있는가를 쉽게 알 수 있습니다.

그러므로 우리 영혼의 죽음은 죄로 말미암은 것이요, 육체의 죽음은 사망의 장자인 영혼의 죽음으로 다가온 것입니다.

따라서 오늘날 우리의 육체를 죽이는 질병의 치료는 물질적인 면에서 찾을 것이 아니라, 영적인 면에서 찾아야 할 것입니다. 왜냐하면 육체를 죽이는 사망의 세력은 우리의 영혼과 밀접한 관계가 있으며, 영혼의 죽음은 명확히 죄로 말미암은 것이기 때문입니다. 우리는 죄 사함을 받음과 동시에 육체의 병 나음을 얻어야 할 것입니다.

맨 나중에 멸망 받을 원수

그렇다면 우리가 죄 사함을 받고나면 죽을 필요가 없지 않느냐고 묻는 사람이 있을 것입니다. 그러나 그것은 그렇지 않습니다. 우리가 값없이 죄 사함을 받고 중생의 은총을 얻은 후에 점점 완전한 성결로 나아가다가 우리 주님께서 다시 오시는 그 날에 영혼도 완전하게 되고 육체는 사망을 완전히 벗어난 부활의 몸을 얻게 되는 것입니다. 그러므로 "맨 나중에 멸망 받을 원수는 사망이니라"(고전 15:26)고 하였습니다.

우리가 주님의 십자가 대속의 은총을 통하여 성령의 처음 익은 열매인 중생을 얻었다면 우리의 육체도 그 부활의 처음 익은 열매인 병 없는 건강을 얻는 것이 마땅할 것입니다. 결국 여기서 말하고자 하는 것은 인간의 영혼과 육체의 죽음이 죄로 말미암아 오게 된 것이므로 거기에 대한 해결책도 영혼과 함께 죄의 문제를 해결한 예수님의 십자가 대속의 은혜 중에서 얻어야만 된다는 것입니다.

신유란 주님의 구원과는 관계없이 동떨어진 별개의 것이 아닙니다. 사람이 범죄하자 그의 영혼은 즉시로 하나님과 분리되어 죽게 되었으나 육체의 사망과 분해는 서서히 진행된 것처럼 오늘날 우리가 주 예수님을 구주로 모실 때 우리의 영혼은 즉시로 죄 씻음을 받고 사망에서 생명으로 옮겨지며 하나님과 화목하게 되지만, 육체는 우리 안에 거하시는 생명의 성령의 역사로 서서히 사망에서 해방을 얻게 되는 것입니다.

> "예수를 죽은 자 가운데서 살리신 이의 영이 너희 안에 거하시면 그리스도 예수를 죽은 자 가운데서 살리신 이가 너희 안에 거하시는 그의 영으로 말미암아 너희 죽을 몸도 살리시리라"(롬 8:11)

여기에서 '죽을 몸도 살리시리라' 는 말은 부활을 의미하는 것이 아닙니다. 만일 부활을 의미한다면 '죽은 몸도 살리시리라' 고 하였을 것입니다. 그러므로 이 말씀은 신유를 뜻하는 것이요, 기한 전에 우리의 육체를 죽이려는 사망의 시작인 병을 물리침으로 예수의 생명이 또한 우리 죽을 육체에 나타나게 하려 함인 것입니다.

예수님이 다시 오실 때까지 우리의 육체는 죽어서 무덤에서 부활을 기다리게 됩니다. 그러나 이와 같이 죽을 육체에 중생으로 인한 성령의 내주로 예수님의 생명이 나타나게 하는 것은 사망의 처음 열매인 질병을 없애는 데 있는 것입니다. 이와 같이 우리는 질병 없는 건강을 가지고 살다가 때가 오면 잠들게 될 것이요, 잠들기 전에 주께서 오시면 죽지 않을 몸으로 변화를 입게 되는 것입니다. 그러므로 육체의 구원은 처음에 사망의 첫 열매인 질병을 멸하고 주님 재림하실 때 마지막 죽음 그 자체를 주님께서 멸망시키는 것입니다.

신유는 구원받는 즉시 일어나는가?

그러면 왜 하나님께서는 그러한 사람을 구원받은 즉시로 고쳐 주시지 않으시는가 하고 의문을 품을 수도 있습니다. 그러나 어느 누구도 하나님을 원망할 수는 없습니다. 성경은 우리에게 말씀하고 계십니다.

"그런즉 너희는 하나님께 복종 할지어다 마귀를 대적하라 그리하면 너희를 피하리라"(약 4:7)

"근신하라 깨어라 너희 대적 마귀가 우는 사자같이 두루 다니며 삼킬 자를 찾나니 너희는 믿음을 굳건하게 하여 그를 대적하라"(벧전 5:8-9)

또한 주님을 믿는 사람들이 질병에 걸렸을 때는 당장 약국을 향하여 줄달음질 치는 대신에 먼저 영적인 문제부터 진실되게 해결하려는 자세가 있어야 합니다.

"그러므로 너희 죄를 서로 고백하며 병이 낫기를 위하여 서로 기도하라"(약 5:16)

그러므로 믿음의 식구들이 병이 들 때는 마땅히 어디서 떨어진 것을 생각하고 회개하여 처음 행위를 가지고 주께 돌아오며 병 낫기를 위하여 기도하고 병마를 단호히 대적할 때 마귀는 떠나고 건강을 회복하게 되는 것입니다.

그러므로 참으로 무서운 병은 죄로 말미암아 온 영혼의 병입니다. 육신의 병만 낫겠다는 욕심으로 애쓰지 말고 천지의 대주재 되신 하나님 앞에 죄를 통회 자복하고 주 예수님의 십자가 보혈로 씻음을 받아 율법의 저주에서 해방을 받으십시오. 그렇게 할 때 병에서 자유로운 건강을 누릴 수 있는 복을 받게 되는 것입니다.

인생에 대한 하나님의 참뜻

질병은 죄의 소산이며 하나님의 사랑의 선물이 아니요, 형벌이며 상급이 아닙니다. 그러므로 사람이 타락하고 난 이후 비록 썩어짐의 종노릇하는 가운데서 살면서도 돌이켜 하나님께 순종하고 그 율법을 지켰을 때는 풍성한 하나님의 은혜를 받았으며, 하나님께서는 그들의 병을 고쳐 주시고 또 병을 제하여 주셨습니다.

그러므로 인생에 대한 하나님의 참 뜻은 육신의 연약함을 강하게 하시고 병을 고치는 데 있음을 알 수 있습니다. 모세가 약 2백만이 넘는 이스라엘 백성을 거느리고 죄악과 속박의 애굽을 떠나 홍해를 기적적으로 건너서 수르 광야에 왔을 때 하나님께서는 신유의 언약을 그들에게 주셨습니다.

> "야훼께서 그들을 위하여 법도와 율례를 정하시고 그들을 시험하실새 이르시대 너희가 너희 하나님 나 야훼의 말을 들어 순종하고 내가 보기에 의를 행하며 내 계명에 귀를 기울이며 내 모든 규례를 지키면 내가 애굽 사람에게 내린 모든 질병 중 하나도 너희에게 내리지 아니하리니 나는 너희를 치료하는 야훼임이니라"(출 15:25-26)

2백만이 넘는 이스라엘 백성들이 위생시설이 전혀 없고 의식주가 매우 어려운 광야생활 가운데서 만일 하나님께서 그들을 치료하시지 않으셨다면 질병으로 죽고 중도에서 쓰러지는 사람이 부지기수였을 것입니다. 그러나 모든 하나님의 언약을 믿고 순종한 결과 그들은 모두 치료함을 입어 병들거나 약한 자가 한 사람도 없었습니다. 시편 기자는 성령의 감동으로 그때를 기억하며 "은 금을 가지고 나오게 하시니 그의 지파 중에 비틀리는 자가 하나도 없었도다"(시 105:37)라고 노래하였습니다.

이스라엘이 애굽에서 나온 것은 오늘날 우리 신자들이 죄악에서 해방되어 나온 모형이며, 홍해를 건너온 것은 신자의 중생을 의미하는 것입니다. 신자가 세상에서 사는 것은 천국 가나안에 들어가기까지 광야의 길인 것입니다. 오늘날 더 좋은 약속으로 세우신 더 좋은 언약을 믿고 더 좋은 언약의 보증이신 예수님을 따라가는 우리들에게 영육 간의 치료는 필연적인 것입니다.

마치 하나님께서 모세를 통하여 이스라엘 백성에게 신유의 언약을 주신 것처럼 우리 주 예수님께서도 우리들에게 승천하시기 직전에 치료의 약속을 주셨습니다. 그 약속은 믿음으로 말미암은 영혼의 구원을 따라 주신 신유의 언약인 것입니다.

"믿는 자들에게는 이런 표적이 따르리니 곧 그들이 내 이름으로 귀신을 쫓아내며… 병든 사람에게 손을 얹은즉 나으리라"(막 16:17-18)

그 후로 성령께서는 또 다시 야고보로 말미암아 각 교회에 보내는 편지를 통해서 교회 안에서 병을 물리칠 것을 명하셨습니다.

"너희 중에 병든 자가 있느냐 그는 교회의 장로들을 청할 것이요 그들은 주의 이름으로 기름을 바르며 그를 위하여 기도할지니라 믿음의 기도는 병든 자를 구원하리니 주께서 그를 일으키시리라 혹시 죄를 범하였을지라도 사하심을 받으리라 그러므로 너희 죄를 서로 고백하며 병 낫기를 위하여 서로 기도하라"(약 5:14-16)

구약시대나 신약시대나 병에 대한 하나님의 태도는 동일합니다. 하나님의 뜻은 병을 주시는데 있지 않고 고치는데 있으며, 죽이는데 있지 않고 살리시는데 있습니다. 그러므로 우리는 그의 영원한 성호이신 "야훼 라파"(치료하는 야훼)를 향하여 온갖 정성을 다 바쳐 영원토록 찬양해야 할 것입니다. 하나님께서는 그 후에 또 다시 "네 하나님 야훼를 섬기라 그리하면 야훼가 너희의 양식과 물에 복을 내리고 너희 중에서 병을 제하리니 네 나라에 낙태하는 자가 없고 임신하지 못하는 자가 없을 것이라"(출 23:25-26)고 하셨습니다.

하나님께서는 택한 백성들이 병을 앓거나 날수가 다하기 전에 죽는 것을 결코 원하지 않으셨습니다. 하나님의 근본 뜻은 죽지 않는데 있고 또 인간이 죄를 범하여 죽음의 선고를 받았을지라도 하나님의 뜻은 사람들이 당신에게 순종하고 병을 고치고 살기를 원하신 것입니다. 하나님의 뜻이 온전히 이루어지시는 그 날에는 하나님께서 모든 눈물을 그 눈에서 씻기시매 다시 사망이 없고 애통하는 것이나 곡하는 것이나 아픈 것이 다시는 없을 것입니다.

하나님을 배반하고 자행자지하여 저주의 생활을 해 온 과거를 회개하고 담대히 하나님 앞에 나아가 주 예수의 이름으로 병 고침받기 위해서 기도해야 할 것입니다.

"그를 향하여 우리의 가진 바 담대함이 이것이니 그의 뜻대로 무엇을 구하면 들으심이라 우리가 무엇이든지 구하는 바를 들으시는 줄을 안즉 우리가 그에게 구한 그것을 얻은 줄을 또한 아느니라"(요 5:14-15)

 우리는 이제 하나님의 뜻을 좇아 나음을 입은 사람들입니다. 그러므로 눈에는 아무 증거 안보이고 손에는 잡히는 것 없어도 믿음으로 단호히 병을 박차고 일어나야 합니다. 그리하여 더 높은 우리 주 하나님을 구주 예수님의 이름으로 찬미합시다.

9 모세의 놋뱀과 예수님의 십자가

-
-
-

    구약성경에 보면 신유에 대한 약속이 곳곳에 기록되어 있습니다. 그 중에는 신약시대의 그리스도의 대속에 필연적으로 병 고침이 포함된다는 것을 뚜렷이 모형으로 보여준 사실들이 있습니다. 다음의 기사는 주 예수님의 고난을 통하여 질병을 대속하실 은혜를 우리에게 확실히 가르쳐주고 있습니다.

    "백성이 호르 산에서 출발하여 홍해 길로 좇아 에돔 땅을 우회하려 하였다가 길로 말미암아 백성의 마음이 상하니라 백성이 하나님과 모세를 향하여 원망하되 어찌하여 우리를 애굽에서 인도해 내어 이 광야에서 죽게 하는가 이 곳에는 먹을 것도 없고 물도 없도다 우리 마음이 이 하찮은 음식을 싫어하노라 하매 야훼께서 불뱀들을 백성 중에 보내어 백성을 물게 하시므로 이스라엘 백성 중에 죽은 자가 많은지라 백성이 모세에게 이르러 말하되 우리가 야훼와 당신을 향하여 원망함으로 범죄하였사오니 야훼께 기도하여 이 뱀들을 우리에게서 떠나게 하소서 모세가 백성을 위하여 기도하매 야훼께서 모세에게 이르시되 불뱀을 만들어 장대 위에 매달아라 물린 자마다 그것을 보면 살리라 모세가 놋뱀을 만들어 장대 위에 다니 뱀에게 물린 자마다 놋뱀을 쳐다본즉 모두 살더라"(민 21:4-9)

　이스라엘 백성들이 하나님을 원망하는 죄를 범함으로 인해 그들은 그 죄의 값으로 불뱀에게 물려 죽게 되었던 것입니다.
　그 곳은 원래 불뱀들이 많이 서식하였던 곳이었습니다. 그러함에도 그때까지 그들이 무사했던 이유는 하나님께서 그들을 보호하여 주셨기 때문이었습니다.
　그러나 그들이 범죄함으로 인해 하나님의 보호가 떠나자 불뱀들이 떼를 지어 백성들을 물어 죽였습니다. 여기에서 이 불뱀은 마귀를 상징하는 것으로, 하나님의 보호가 성도들을 떠나게 되면 언제든지 마귀는 우는 사자와 같이 우리를 삼키려고 덤벼든다는 것을 나타냅니다.
　그러나 이스라엘 백성들이 자신들의 죄를 자백하고 하나님께로 순복하고 돌아오자 하나님께서는 모세를 명하여 놋으로 뱀을 만들어 장대에 높이 매어 달라고 하셨습니다. 그리고 누구든지 그것을 쳐다보는 사람들은 고침을 받게 하셨습니다. 이 사실은 사망권세를 갖고 우리를 괴롭히던 원수 마귀가 처절하게 패배 당할 것을 예언적으로 보여주신 것입니다. 그 예언은 바로 주 예수 그리스도에 이르러 그대로 이루어졌습니다.

밤에 예수님을 찾아온 니고데모에게 주님께서는 "모세가 광야에서 뱀을 든 것 같이 인자도 들려야 하리니"(요 3:14)라고 말씀하셨습니다. 예수님께서는 십자가의 대속을 설명하시면서 모세의 놋뱀을 들어 말씀하셨습니다. 그러므로 모세의 놋뱀은 전적으로 예언적 사건이었음을 알 수 있는 것입니다. 모세가 장대 위에 높이 뱀을 매어달므로 원수 마귀의 전적 패배를 예언한 것처럼 예수님께서도 십자가에 못박히시기 전에 누누이 원수 마귀의 전적 패배를 말씀하셨습니다.

"예수께서 이르시되 사탄이 하늘로부터 번개 같이 떨어지는 것을 내가 보았노라 내가 너희에게 뱀과 전갈을 밟으며 원수의 모든 능력을 제어할 권능을 주었으니 너희를 칠 자가 결코 없으리라"(눅 10:18-19)

"이제 이 세상의 심판이 이르렀으니 이 세상 임금이 쫓겨나리라"(요 12:31)

"곧 그들이 내 이름으로 귀신을 쫓아내며"(막 16:17)

성령께서는 또한 이렇게 말씀하고 계십니다.

"통치자들과 권세들을 무력화하여 드러내어 구경거리로 삼으시고 십자가로 그들을 이기셨느니라."(골 2:15)

여기에서 통치자들과 권세들이란 이 어두움의 세상 주관자들과 하늘에 있는 악의 영들을 말하는 것입니다.

마치 이스라엘 백성들을 물어 죽이던 불뱀의 세력이 모세가 놋뱀을 장대에 매달므로 멸함을 받은 것처럼 우리 주 예수님의 십자가의 대속으로 인하여 원수 마귀의 세력이 꺾어져 버린 것입니다.

모세의 놋뱀은 예수님의 십자가의 모형이며, 그림자입니다. 뱀에 물린 이스라엘 백성들이 먼저 죄를 회개하고 장대에 매달린 놋뱀을 쳐다봤을 때 그들의 영혼이 죄에서 용서를 받았을 뿐 아니라, 뱀의 독으로 전신이 부어 죽어가던 사람들이 기적적으로 소생하고 건강을 회복하였습니다. 이와 같이 원수 마귀에게 얻어맞아 마음과 몸이 만신창이가 되었을지라도 믿음으로 십자가에 달리신 예수님을 쳐다보면 마귀의 권세는 멸해지고, 죄는 용서받으며, 죄로 인한 병의 독은 물러가고 새 생기를 얻어 건강을 회복하게 되는 것입니다.

지금은 이미 천국에 계시지만 한 때 전 미국과 캐나다를 신유의 권능으로 뒤흔들었던 대부흥가 보스워스(F.F.Boswarth) 목사는 이렇게 말했습니다.

"만약 병 고침이 예수님의 대속 안에 없다면 왜 뱀에 물려 병들어 죽어가던 이스라엘 백성들을 병 고침받기 위해서 십자가의 대속의 모형인 놋뱀을 쳐다보라고 하였는가? 병 고침과 죄의 용서가 대속의 모형을 통해서 그들에게 임하였거늘 하물며 그 모형의 본체이신 그리스도를 통하여 그 은혜가 우리에게 임하지 않을 이유가 어디에 있는가?"

사도 바울은 이스라엘 백성에게 내렸던 저주가 놋뱀을 매달므로 거기에 옮겨졌던 것처럼 우리들 위에 임한 저주도 주 예수 그리스도의 십자가의 고난을 통하여 옮겨졌다고 하였습니다.

아담과 하와가 하나님께 범죄하였을 때 그들은 하나님의 공의로우신 심판을 받아 에덴에서 쫓겨나게 되었습니다. 그러자 그들은 곧 사망의 권세에 잡히게 되고 마귀의 종노릇을 하게 된 것입니다. 그러나 자비로우신 하나님께서는 그들에게 소망의 광명을 주셨습니다. 그것은 후일에 구원자를 보내어 마귀의 권세를 멸하고 인류를 사망에서 구원해 주신다는 것이었습니다.

"하나님이 뱀에게 이르시되… 더욱 저주를 받아 배로 다니고 살아있는 동안 흙을 먹을지니라 내가 너로 여자와 원수가 되게 하고 네 후손도 여자의 후손과 원수가 되게 하리니 여자의 후손은 네 머리를 상하게 할 것이요 너는 그의 발꿈치를 상하게 할 것이니라"(창 3:14-15)

이 말씀은 분명히 우리 인류의 조상을 유인하여 범죄케하고 사망의 종노릇을 하게 한 원수 마귀의 멸망에 관하여 하나님께서 예언하시고 약속하신 말씀입니다.

그 후 이스라엘 백성들이 광야에서 하나님과 모세를 원망함으로 범죄하여 그 죄의 결과로 불뱀에게 물려 죽임을 당하게 되었을 때 그들이 돌이켜 죄를 자복하고 부르짖자 하나님께서는 그들의 간구를 들으셨습니다. 그리하여 아담과 하와에게 언약하신 옛 뱀, 즉 마귀의 완전한 패배를 다시 한 번 모세를 통하여 기억나게 하시기 위해서 놋뱀을 높이 장대에 매어달게 하셨으며 이를 쳐다보고 믿은 백성들마다 그 사망의 독에서 즉시 해방을 얻게 하신 것입니다.

이와 같이 하나님께서는 구약시대의 사람들에게 복음의 은혜를 모형을 통해서 받게 하셨던 것입니다. 그들이 비록 범죄하여 뱀에 물려 죽게 되었을지라도 여자의 후손(예수 그리스도)의 대속의 은혜를 통하여 죄 사함을 받고 악한 마귀의 권세가 깨어질 것을 믿고 받아들일 때 구원과 치료를 얻었던 것입니다.

오늘날 은혜 시대에 사는 우리들은 구약시대의 사람들과는 비교할 수 없이 위대하고 큰 하나님의 축복을 받고 있습니다. 그 축복과 은혜는 이미 2천 년 전에 동정녀 마리아를 통해 탄생하신 예수 그리스도께서 모세가 광야에서 뱀을 든 것 같이 높이 십자가에 달리심으로 우리의 죄를 속하시고 원수 마귀인 뱀의 머리를 깨뜨리고 승리하심으로 밝히 나타내신 것입니다. 그러므로 오늘날에는 누구든지 예수 그리스도를 믿기만 하면 죄 사함을 받고 마귀의 저주에서 완전히 해방을 얻게 되는 것입니다.

이와 같이 마귀와 질병은 십자가를 통하여 전적으로 패하였습니다. 그러므로 우리들은 겸손한 마음으로 주 예수님을 믿고 모셔들이며 그 이름으로 마귀와 질병을 단호하게 대적해야 할 것입니다. 주님을 믿는 자는 강하고 담대하게 마귀와 그의 일을 멸하여야만 하는 것입니다.

"마귀를 대적하라 그리하면 너희를 피하리라"(약 4:7)

"하나님께로부터 나신 자가 그를 지키시매 악한 자가 그를 만지지도 못하느니라"(요 5:18)

10 병 고침은 예수님의 대속 안에 포함되어 있는가

병의 치료는 그리스도의 구속 안에 포함되어야 한다

성경은 "그러므로 한 사람으로 말미암아 죄가 세상에 들어오고 죄로 말미암아 사망이 들어왔나니"(롬 5:12)라고 말씀함으로 죄로 말미암아 사망이 세상에 들어오게 되었음을 명확하게 밝혀주고 있습니다. 그러므로 육체적 사망의 시작인 질병은 죄로 말미암아 들어온 것입니다.

병은 죄로 말미암은 것이므로 그 치료 또한 그리스도의 구속 안에 포함되어야 함이 마땅한 것입니다. 공생애 당시 주님께서는 두루 다니시면서 착한 일을 행하시고 마귀에게 눌린 모든 자를 다 고치셨습니다. 오늘날도 우리 인간의 힘으로 고칠 수 없는 많은 질병이 있는데 그러한 병마의 권세를 물리칠 자는 하나님의 아들 예수 그리스도 외에는 아무도 없는 것입니다.

사실 우리에게 큰 은택을 베풀어 주는 의사들이나 성능이 좋은 약들은 우리의 몸 안에 있는 치료의 힘을 도와주는데 불과한 것이지 의술이나 약 그 자체가 병을 완치시키지는 못하는 것입니다. 오로지 우리 주 예수 그리스도의 대속의 은총으로 말미암은 그리스도 안에 있는 생명의 성령의 은혜가 육체 속에 임할 때만이 우리 죽을 육체도 살리심을 입게 되는 것입니다.

그러므로 야고보는 "너희 죄를 서로 고백하며 병 낫기를 위하여 서로 기도하라"(약 5:16)고 명했던 것입니다. 죄는 성령의 생명적 역사를 막고 사망의 권세가 역사하게 만들어 주는 온상인 것입니다.

이와 같이 병은 죄의 결과로 인류에게 다가온 사망의 저주이기 때문에 그에 대한 치료도 마땅히 십자가의 은총 속에 있어야 되는 것입니다. 병은 근원적으로 아담의 범죄로 말미암은 육체적 형벌인데, 예수님께서 인간의 몸을 입으시고 오셔서 우리의 모든 형벌을 대신 짊어지셨기 때문에 우리가 하나님 안에서 주 예수님을 믿을 때 병에서 자유함을 얻을 수 있는 것입니다.

우리가 주 예수님을 믿음으로 성령의 처음 익은 열매인 영적인 중생의 은총을 맛보았다면 우리는 또한 성령의 능력으로 주실 부활의 몸의 처음 익은 열매인 병 없는 건강도 당연히 얻게 되는 것입니다. 그러나 만일 예수님의 대속의 고난 중에 우리의 육체가 포함되지 않았다면 우리 육체는 부활의 몸을 얻을 권리가 없는 것입니다. 또한 우리가 부활의 몸을 얻는다 할지라도 천국에서 우리의 몸에 질병이 다가오지 않을 것이라는 합법적 근거가 없는 것입니다. 그러므로 주 예수님이 온전한 육체로 부활하신 것 같이 우리의 몸도 온전한 모습으로 부활할 것이요, 또한 우리는 믿음으로 병 없는 건강을 얻을 수 있는 것입니다.

유월절 어린양의 고기를 먹으라

출애굽기 12장에 보면 하나님께서 애굽을 떠나는 이스라엘 백성에게 유월절 양의 고기를 먹으라고 명령하신 것이 기록되어 있습니다. 여기에서 유월절의 어린양은 우리를 위해 희생제물이 되신 예수 그리스도를 상징합니다. 이는 긴 여행을 하기 위해서는 육체적인 힘을 얻기 위함도 그 이유가 되었지만, 또한 유월절 어린양 되신 예수님께서 그 몸으로 우리의 연약함과 병을 치료하셨다는 의미이기도 합니다.

더 나아가서는 저주를 청산하신 예수님의 그 뜻을 받아들이라는 것입니다. 예수님께서 우리의 저주를 대신 지시고 십자가에서 다 청산하셨습니다. 예수님께서 십자가에 매달리신 것은 바로 저주의 상징입니다. 하나님 앞에서 저주를 받지 않은 사람은 결코 나무에 매달리지 않습니다.

이에 대해 성경은 "그리스도께서 우리를 위하여 저주를 받은 바 되사 율법의 저주에서 월를 속량하셨으니 기록된 바 나무에 달린 자마다 저주 아래 있는 자라 하였음이라"(갈 3:13)고 하였습니다. 예수님께서는 아담과 하와가 범죄함으로 낳은 저주, 인간이 율법을 어겨서 받은 그 저주를 청산하시기 위해 십자가에 달리사 피 흘리신 것입니다.

예수님의 피는 그 대가로 치료를 부르짖습니다. 병든 인간, 병든 육체, 병든 생활 등 이 모든 것을 예수님은 치료해 주시길 원하고 계십니다. 바로 예수님의 피는 그 대가로 전인적인 치료를 요구하고 있습니다. 영과 혼과 육이 온전히 치료함을 받도록 그 피는 지금도 부르짖고 있습니다. "우리의 연약한 것을 친히 담당하시고 병을 짊어지셨도다"(마 8:17). 그러므로 우리는 이 피의 부르짖음인 전인적인 치료를 깨닫고 그 피를 의지하여 온전한 치료를 위해 기도하고 전도해야만 합니다.

우리는 예수 그리스도께서 십자가에 못 박히신 그 고난과 고통을 통해 저주에서 해방을 얻을 수 있는 것입니다.

그러므로 성도가 그리스도의 몸을 먹는다는 것은 바로 그리스도께서 건강이 되시고, 저주를 속량하신 축복이 되신다는 그 의미를 받아들여서 부정적인 생각에서 긍정적인 생각으로, 소극적인 자세에서 적극적인 자세를 가지라는 것입니다.

우리는 예수 그리스도 안에서 생각의 변화를 받아야 합니다.

생각의 변화를 받는 것이 하나님의 말씀을 먹는 것이고 그리스도의 몸을 먹는 것입니다.

여러분은 예수님께서 채찍에 맞으신 그 공로를 마음속에 받아들여서 질병의 공포와 연약의 절망에서 벗어나 건강을 얻게 되고, 저주를 청산하신 예수님의 그 공로 또한 마음속에 받아들여 저주의 운명과 환경을 극복하게 되시기를 주님의 이름으로 축원합니다.

사도 바울은 "우리가 항상 예수의 죽음을 몸에 짊어짐은 예수의 생명이 또한 우리 몸에 나타나게 하려 함이라"(고후 4:10)고 하였습니다. 이것은 신유가 성령의 능력으로 말미암아 예수님의 생명이 실제적으로 우리 몸에 나타나는 은혜임을 말하는 것입니다.

주의 은혜의해를 전파하게 하려 하심이라

예수님은 구약의 희년을 이용해서 "주의 은혜의 해를 전파하게 하려 하심이라"(눅 4:19)고 말씀하셨습니다. 구약의 희년은 오늘날 우리가 복음시대에 누리는 축복을 모형으로 보여주신 것입니다. 레위기에 보면 희년을 선포하는 즐거운 나팔 소리를 울리기 전에 먼저 속죄일을 가졌음을 알 수 있습니다.

속죄의 제물을 죽여서 그 피를 속죄소(시은좌)에 뿌리기 전에는 어떤 은혜도 베풀지 아니하였습니다. 그러나 속죄의 피가 시은좌에 뿌려짐으로써 백성의 죄가 속함을 입고 난 후에 즐거운 희년의 나팔 소리가 전국에 울려 퍼지면 오랫동안 전토와 집을 잃었던 사람들과 흩어졌던 사람들이 고향과 전토와 집과 가족들에게로 돌아가는 즐거움이 있었던 것입니다.

　이것은 우리에게 향하신 하나님의 자비와 축복이 십자가의 대속 없이는 결코 주어지지 않는다는 것을 의미하는 것입니다. 이와 같이 예수님께서도 우리의 속죄 제물이 되셔서 십자가에 못 박혀 죽으셨다가 사흘 만에 부활하심으로써 그 보혈을 하늘의 속죄소에 뿌리시고 우리의 타락으로 잃어버렸던 모든 것을 다시 복구해 주신 것입니다. 또한 성령을 보내심으로 복음의 즐거운 나팔을 불게 하셨고, 마귀에게서 자유와 해방을 취하라는 소식을 전하게 하신 것입니다.

　구약의 희년이 되어 희년의 나팔이 울리고 나면 하나님께서는 "전국 거민에게 자유를 공포하라"고 하셨고, "너희는 각각 자기의 소유지로 돌아가라"(레 25:10)고 하셨습니다. 그러므로 더 좋은 언약 하에 더 나은 속죄 제물을 드린 그리스도의 복음 아래 사는 우리들은 믿음으로 마귀에게서 자유를 얻게 되며 하나님의 약속의 말씀의 기업으로 돌아가게 되는 것입니다. 이를 위해서 예수님께서는 친히 마귀에게 눌린 모든 자를 고치심으로 우리들에게 모범을 보여 주셨던 것입니다.

그리스도의 속죄는 이미 2천 년 전에 다 완성되었습니다. 이제는 복음의 기업으로 돌아가라는 성령의 나팔 소리가 성경을 통하여 전 세계에 울리고 있습니다. 그러므로 우리는 마땅히 순종함으로써 십자가의 고난으로 사 주신 건강의 기업을 찾아야만 하는 것입니다.

11 회개하라 천국이 가까이 왔느니라

-
-
-

예수님께서는 "회개하라 천국이 가까이 왔느니라"(마 4:17)고 말씀하셨습니다. 예수님께서는 또한 "나라가 임하시오며"(마 6:10)라고 늘 기도하라고 우리에게 가르쳐 주셨습니다.

천국의 본점은 그리스도인들이 몸을 떠나 들어갈 영원무궁한 곳이지만 천국의 지점은 예수 그리스도의 은총이 확장되고 있는 이 땅입니다. 그리스도인들이 주의 이름으로 모인 곳이 바로 천국 지점인 것입니다. 성령님께서는 그리스도인들을 통해 이 땅에서 천국을 확장하고 계십니다. 그러면 천국은 어떤 경로를 통해 확장되어갈까요?

천국의 임재는 치료에 있고 예수님은 천국을 가져다주시는 치료자이십니다.

성경은 "나는 너희를 치료하는 야훼임이니라"(출 15:26)고 말씀하셨으며 "그가 채찍에 맞음으로 너희는 나음을 얻었나니"(벧전

2:24)라고 말씀하셨습니다.

이 때문에 성도는 귀신과 질병을 몰아내고 하늘나라를 확장해야 합니다. 우리는 한 치도 양보하지 말고 마귀를 대적해야 합니다. 어떤 사람은 "기도한다고 병이 다 낫는 것도 아닌데 무슨 기도를 목숨 바쳐 합니까?"라고 말하기도 합니다. 전쟁터에서는 승리할 때도 있지만 패할 때도 있습니다. 우리는 지금 마귀와 전쟁 중에 있습니다. 그러나 최후의 승리는 우리의 것입니다.

이 때문에 우리는 당장 눈앞에 승리가 안 보인다고 낙심할 것이 아니라 불퇴진의 믿음과 기도로 마귀를 대적해야 합니다.

예수님께서는 친히 복음 증거와 더불어 치료를 베푸셨을 뿐만 아니라 열두 제자들에게도, 칠십 인의 제자들에게도 복음 증거와 더불어 귀신을 쫓아내고 병든 자를 고칠 것을 명령하셨습니다.

뿐만 아니라 예수님께서는 승천하실 때에도 최후의 명령으로 "믿는 자들에게는 이런 표적이 따르리니 곧 그들이 내 이름으로 귀신을 쫓아내며 새 방언을 말하며 뱀을 집어올리며 무슨 독을 마실지라도 해를 받지 아니하며 병든 사람에게 손을 얹은즉 나으리라"(막 16:17-18)고 말씀하셨습니다.

예수님께서는 분명히 '초대교회 때만'이라고 하시지 않고 '믿는 자들에게는'이라고 하셨습니다. 믿는 자는 과거에도 있었고 현재에도 있으며 미래에도 있을 것입니다.

천국은 바로 이 믿는 자들에 의해 확장됩니다. 그러므로 우리 믿는 자들은 주님께서 오실 그날까지 적극적이고도 결사적으로 귀신을 쫓아내고 병 낫기를 위해 기도해야 합니다. 귀신을 쫓아내고 병든 사람을 위해 기도하는 것은 하나님께서 성도들에게 주신 사명입니다. 오늘날 성도가 이 일을 하지 않으면 하늘나라의 무기를 마귀에게 빼앗기는 것이 됩니다.

오늘날 사람들은 영이 병들고 마음이 병들고 육체가 병들고 생활이 병들어 치료를 절실하게 필요로 하고 있습니다. 이런 때 우리는 우리의 사명을 분명히 깨닫고 천국의 확장을 위해 주의 이름으로 귀신을 쫓아내고 병든 자를 위해 기도해야만 하는 것입니다.

예수님께서는 성령을 힘입어 귀신을 쫓아내심으로 천국의 임재와 치료와는 분리시킬 수가 없다는 것을 보여주셨습니다. 천국의 임재는 필연적으로 치료를 가져오게 된다는 것을 주님께서는 말씀하셨습니다. 이로써 천국의 기초는 치료에 있음을 알 수 있습니다. 그러므로 천국의 건설자이신 메시아는 치료자이셔야만 되는 것입니다.

"요한이 그 제자 중 둘을 불러 주께 보내어 이르되 오실 그이가 당신이오니이까 우리가 다른 이를 기다리오리이까 하라"(눅 7:19)

제자들의 이러한 질문에 예수님께서는 분명하게 천국은 치료에 있으며 메시아는 치료자라는 것을 말씀해 주셨습니다.

"대답하여 이르시대 너희가 가서 보고 들은 것을 요한에게 알리되 맹인이 보며 못 걷는 사람이 걸으며 나병 환자가 깨끗함을 받으며 귀 먹은 사람이 들으며 죽은 자가 살아나며 가난한 자에게 복음이 전파된다 하라"(눅 7:22)

인간은 타락함으로 말미암아 사망의 병이 든 것입니다. 그 영혼은 나날이 부패해지고 육은 병들고 죽어가며 가정도, 사회도, 국가도, 세계도 썩어짐의 종노릇을 하며 신음하여 왔던 것입니다. 그러므로 우리들을 이 사망의 저주에서 해방시켜 줄 메시아 곧 영혼의 갈등과 육체의 썩어짐에서 고쳐줄 자는 반드시 치료자이어야만 하는 것입니다.

더 중하고 무서운 영혼의 병을 기적적으로 고쳐 새 사람이 되게 하시는 위대한 의사이신 예수님께서 그보다 못하고 또 낮은 육체를 고치시는 기적을 못 행하실 리가 없으며 또 안 고치실 리도 없는 것입니다. 천국의 임재는 치료에 있고 천국을 가져다주시는 구주는 치료자이시므로 천국을 전파하는 사업과 역사는 치료를 떠나서는 결코 있을 수 없는 것입니다. 그러므로 예수님께서는 천국을 전파하실 때 영혼과 육신의 치료를 통하여 그 천국을 듣고 보고 체험하게 하셨던 것입니다.

"내 이름을 경외하는 너희에게는 공의로운 해가 떠올라서 치료하는 광선을 비추리니 너희가 나가서 외양간에서 나온 송아지 같이 뛰리라"(말 4:2)

오늘날 교인들이 영육 간에 병든 자가 많고, 힘이 없고 맥이 빠진 이유는 영과 육이 치료함을 받지 못하였기 때문인 것입니다. 치료함을 받은 사람은 외양간에서 나온 송아지 같이 뛰리라고 성경은 분명히 말씀하고 계십니다.

여러분의 마음속에 천국이 임하였습니까? 그렇다면 여러분은 치료의 권능 안에 들어온 것입니다. 여러분은 주 예수님을 구주로 모셨습니까? 그분은 바로 의로우신 태양이시오, 위대하신 치료자이십니다.

병 낫기를 위하여 기도하라

주의 사도 야고보는 예루살렘 총회에서 전교회를 향해 "너희 중에 병든 자가 있느냐 그를 교회의 장로들을 청할 것이요 그들은 주의 이름으로 기름을 바르며 위하여 기도할지니라 믿음의 기도는 병든 자를 구원하리니 주께서 그를 일으키시리라 혹시 죄를 범하였을지라도 사하심을 받으리라 그러므로 너희 죄를 서로 고백하며 병 낫기를 위하여 서로 기도하라 의인의 간구는 역사하는 힘이 많으니라"(약 5:14-16)고 말했습니다.

여기에서 야고보는 모든 앓는 자의 손이 지극히 쉽게 닿을 수 있는 곳에 있는 평범한 교회의 지도자들인 장로들에게 병 고치는 사역을 맡긴 것인데, 그 사명을 맡은 장로들은 세상 끝날까지 교회가 계속되는 한 이 은혜스런 자비의 역사를 계속할 수 있는 성경적 권위를 가진 것입니다.

성경시대의 장로는 오늘날 성도들의 인도자 되는 목사. 전도사들을 의미하는 것으로 성령과 말씀이 충만한 자들을 일컫는 것입니다.

그런데 이 서신이 기록된 때는 바로 사도시대의 말기이기 때문에 자기의 세대를 위한 기록이 아니라, 다가오는 세대와 세상 끝에 사는 우리들을 위하여 기록한 것임을 알 수 있습니다. 또 병자를 위한 기도는 어떤 특별한 은사를 가진 사람만이 할 수 있는 것이 아님을 알 수 있습니다.

병자를 위한 기도는 '믿음의 기도' 이어야 하며 '주의 이름으로 기름을 바르며' 하는 기도여야 합니다. 믿음의 기도란 의심이나 불확실한 요행을 바라는 기도가 아닙니다. "믿음은 바라는 것들의 실상이요 보이지 않는 것들의 증거"(히 11:1)라고 했습니다. '실상' 이란 말은 헬라어로 '후포스타시스' 인데, 우리말로는 재산 또는 토지문서 혹은 지가증권(estate, title-deed)이란 의미를 가지고 있습니다.

그러므로 병 낫기를 위해서 기도할 때는 절대로 동요되지 않는 확실한 토지 문서를 잡은 것 같은 확증을 가지고 기도해야만 하는 것입니다. 의심을 품고서 믿음의 확신이 없이 '만일 당신의 뜻 이오면…,' 하는 태도로 희미한 기도를 해서는 안된다는 것입니다.

오늘날 병 낫기 위한 많은 기도가 응답을 받지 못하는 것은 주님의 말씀과 뜻을 잘 알지 못해서 믿음의 기도를 드리지 못하는 데 있는 것입니다. 하늘나라의 모든 보화는 오직 믿음을 통해서만 받을 수 있기 때문에 성경은 "믿음이 없이는 기쁘시게 하지 못하나니"(히 11:6)라고 했으며, "오직 믿음으로 구하고 조금도 의심하지 말라 의심하는 자는 마치 바람에 밀려 요동하는 바다 물결 같으니 이런 사람은 무엇이든지 주께 얻기를 생각하지 말라 두 마음을 품어 모든 일에 정함이 없는 자로다"(약 1:6-8)라고 교훈하고 있는 것입니다.

다음으로 기름을 바르고 주의 이름으로 기도하라는 것은 어떤 사람들이 해석하듯이 약을 먹고 기도하라는 그런 의미가 아닙니다. 물론 약은 하나님의 놀라운 축복이므로 우리 신자들이 약에 대한 감사를 잊어서는 안 될 것입니다. 인간의 고통을 덜고 건강을 회복케 하여주는 선한 역사는 하나님께 복 받은 일임이 분명한 것입니다. 그러나 신유라는 것은 약과 상관이 없이 전적으로 하나님의 권능에 의해서 병이 낫는 것을 말하며, 여기에서 기름을 바른다는 것은 마가복음에 기록된 "많은 병자에게 기름을 발라 고치더라"(막 6:13)는 말씀과 같은 의미로 사용된 것입니다.

그러면 기름은 왜 바르는 것일까요? 거기에는 깊은 상징적 의미가 있습니다. 그 첫째는 주님께 성별을 의미하는 것으로써 병고침을 받기 원하는 사람은 깊이 죄를 뉘우치고 세상과 타협하는 생활을 떠나기 원하는 사람은 깊이 죄를 뉘우치고 세상과 타협하는 생활을 떠나 주님께 몸을 드려 주님 중심으로 살아야 된다는 의미이며, 둘째는 기름은 성령을 상징하는 것이기 때문에 바르는 것입니다.

그러므로 물의를 일으키고 있는 살인 안찰, 안수 기도자들은 성경의 이러한 가르침에 고개를 숙이고 통회 자복해야 할 것입니다. 우리의 병 나음은 전적으로 그리스도 예수 안에 있는 생명의 성령의 법이 기름과 같이 우리의 육체 위에 임하시고 육체를 소유함으로 인하여 우리의 병약한 육신에 기운을 불어 넣어 주어서 치료하게 되는 것으로써, 이것은 전혀 신적이요, 초자연적이며, 아름다운 은혜와 자비의 소산인 것입니다.

그러므로 우리 가운데 병든 자가 있고 또 예수님의 몸 된 교회가 지상에 남아있는 이상 교회를 향한 이 엄숙한 명령은 물세례 의식이나 성찬예식과 함께 엄히 준수해야 될 일이요, 조금이라도 등한히 여기면 주님의 사랑과 자비를 등한히 여기는 것이 될 것입니다. 야고보의 이 명령은 초대교회 이후에 철회된 적이 전혀 없는 하나님의 말씀인 것입니다.

우리의 병 고침은 오늘날 교회에 단연코 필요한 것입니다. 그러므로 우리는 치료의 연못 속에 날세게 뛰어들어 먼저 우리부터 영혼과 육체가 고침을 받아야겠고 그 다음 우리는 영원한 천국이 예수님을 통하여 임하였다는 기쁜 소식을 전함과 함께 천국의 속성인 치료의 은혜를 주 예수님의 이름으로 깨우치고, 알게 하고, 믿게 하여 우리를 괴롭히는 모든 귀신을 쫓고 마귀에게 눌린 모든 자를 고쳐야만 될 것입니다. 천국 없는 교회는 필요 없고, 치료가 없는 천국을 전파하는 것은 기형적인 복음에 불과한 것입니다.

그러므로 여러분이 천국의 기반이 되는 신유를 깊이 깨달아 알고 예수의 이름으로 승리하는 생활을 함과 아울러 천국을 확장시키는 능력 있는 신앙인들이 되기를 주님의 이름으로 축원합니다.

2장 성경에 나타난 신유

1. 요단 강에 몸을 일곱 번 씻으라
2. 너희 믿음을 보여다오
3. 두려워 말고 믿기만 하라
4. 예수여 나를 불쌍히 여기소서
5. 네 믿음이 크도다 소원대로 되리라
6. 다만 말씀으로만 하옵소서
7. 네가 낫고자 하느냐
8. 네 믿음이 너를 고쳤다
9. 네게 있는 것으로 네게 주노니

1 요단 강에 몸을 일곱 번 씻으라

-
-
-

　수리아에 나아만이라는 대장군이 있었습니다. 그는 전쟁에서 여러 번 수리아에 승리를 안겨다 주는 혁혁한 공로를 세웠습니다. 그 때문에 왕의 총애를 한 몸에 누릴 뿐 아니라 온 국민으로부터 사랑과 존경을 받았습니다. 그는 겉보기에는 모든 사람들의 부러워할 만큼의 부귀와 영화를 누리고 있었지만 속에는 남모르는 깊은 고민이 있었습니다. 그는 날이 갈수록 병세가 악화되는 문둥병자였던 것입니다. 시간이 지날수록 이젠 더 이상 문둥병자임을 감출 수 없는 절망적인 상황에 처했습니다.

　그런데 그의 집 하인 중에 전쟁 때 사로잡혀 온 이스라엘 소녀 하나가 있었는데 주인 되는 나아만 장군의 이 딱한 사정을 알고는 나아만 장군의 부인에게 이렇게 말했습니다.

　"우리 주인어른께서 이스라엘에 있는 엘리사 선지자를 찾아가면 문둥병을 고침받을 것입니다."

그 말을 전해 듣자마자 나아만 장군은 이스라엘에 가서 엘리사를 만나 병을 고쳐야겠다는 생각에 왕궁에 들어가 왕으로부터 허락을 받고 왕의 친서까지 받아 많은 부하를 거느리고 이스라엘로 향했습니다. 나아만이 왕의 친서를 내놓자 이스라엘 왕은 옷을 찢으면서 탄식했습니다. "내가 하나님도 아닌데 어떻게 사람을 죽이며 살리는가? 내 힘으로 어떻게 문둥병을 고친단 말인가? 이는 필시 수리아 왕이 우리나라와 전쟁을 하기위해 트집을 잡는 것이 분명하다."

엘리사는 이 소식을 듣고 왕에게 사람을 보내어 "그를 내게 보내주옵소서. 이스라엘에 선지자가 있음을 보여 주겠나이다."라고 말했습니다.

그리하여 나아만 장군은 그를 수행해 온 부하들과 엘리사의 집으로 갔습니다. 나아만 장군은 그가 엘리사 집에 도착하면 엘리사가 뛰어나와 두 팔을 벌리며 환영하고 집으로 정중히 모셔들여서 장엄한 의식을 행하고 병을 고쳐줄 줄 알았습니다. 그런데 의식은커녕 엘리사의 얼굴도 보이지 않았습니다. 겨우 엘리사의 종 게하시가 나와 "우리 주인께서 당신이 이 길로 요단 강에 가서 일곱 번 목욕하면 문둥병이 깨끗하게 낫는다고 말씀하셨습니다."라는 말만 전하고는 안으로 들어가 버렸습니다.

나아만 장군은 대단히 노하여 "수리아의 대장군이 먼 길을 찾아왔으면 국빈예우를 해야 하는 게 마땅하거늘 엘리사는 얼굴도 보이지 않고 겨우 종이 나와서 흙탕물인 요단 강에 일곱 번 목욕하면 병이 낫는다고? 수리아의 아마나 강이나 바르발 강은 요단 강보다 훨씬 깨끗한데 요단 강에 목욕해서 나을 것이라면 그 물에 목욕해도 낫지 않겠느냐?"고 말하며 그냥 돌아서서 가려고 했습니다. 그러자 그의 종들이 만류했습니다. "아버지여, 선지자께서 아버지께 그보다 더 어려운 일을 하라고 해도 할 것이 아닙니까? 그런데 요단 강에 일곱 번 몸 씻으라는 것쯤 못할 것 없지 않습니까? 참으시고 요단 강에 일곱 번 몸을 씻으십시오."

그 말을 듣고 보니 그도 그럴듯해 나아만 장군은 군복을 입은 채로 요단 강에 들어갔습니다. 첨벙하고 물에 한 번 들어갔다 나오니 꼭 물에 빠진 생쥐 같습니다. 흙탕물이 전신에 흐릅니다. 위세 당당하던 대장군의 위용은 온데간데없고 초라하기 짝이 없는 모습입니다. 두 번, 세 번, 네 번, 물에 들어갔다 나올 때마다 나아만 장군은 자기의 몸을 살펴보았지만 여전히 문둥병자입니다. 다섯 번, 여섯 번 들어갔다 나와도 아무런 변화가 없습니다. 그러자 그는 의심과 함께 중도에서 그만두고 싶어졌습니다. 그러나 다시 결심하고 일곱 번째 물에 들어갔다가 나오며 자기를 살펴보니 문둥병은 거짓말처럼 사라지고 그의 피부는 어린아이처럼 깨끗해져 있었습니다. 하나님의 위대한 기적이 나아만 장군에게 나타난 것입니다.

나아만 장군의 이 놀라운 체험을 통해 오늘 우리들의 문제를 해결 받고자 합니다. 우리가 나아만 장군처럼 육체적으로 문둥병은 걸리지 않았지만 영적으로 문둥병이 들어있거나, 우리의 마음이 불치의 병에 걸렸거나, 우리의 가정과 생활이 남모르게 썩어 들어가고 있다면 나아만 장군의 체험이야말로 여러분과 나를 구원의 길로 인도해 주는 안내자가 될 수 있을 것입니다.

나아만 장군은 복음의 기쁜 소식을 들었습니다

나아만 장군의 큰 용맹과 권력도 살이 썩어져가는 그의 문둥병을 고칠 수는 없었습니다. 그는 많은 사람들의 존경과 흠모를 받고 있었지만 살이 문드러지는 문둥병을 앓고 있었으므로 그의 마음속에는 기쁨도 없고 소망이 없으며 슬픔과 고통만이 꽉 들어차 있었습니다. 그가 누리는 영화는 껍질뿐이었습니다. 바로 이것이 오늘날 21세기를 살아가고 있는 우리 인간들의 모습이 아니고 무엇이겠습니까? 오늘날 우리는 옛날 사람들이 미처 생각지도 못한 극도로 발달한 과학문명의 이기 속에 살고 있습니다. 그러나 이것은 겉모양에 불과할 뿐 그 내면에는 온갖 아픈 상처들로 점철되어 있습니다.

인간이 지식을 쌓고 과학을 발달시켜도 그 영은 죄악으로 썩어져가고 있습니다. 하나님을 알지 못하고 어디에서 와서 무엇 때문에 살며 어디로 가는지를 전혀 모르고 살고 있습니다. 삶의 목적과 의미를 잃어버리고 텅 빈 가슴을 안고 살아가고 있습니다. 사람들은 텅 빈 가슴을 메꾸어 보려고 정치, 경제, 교육, 문화, 다방면의 발전을 꾀했습니다. 그러나 이러한 것들은 잠깐 동안의 장식품에 불과하며 참 삶의 의미와 가치를 주지 못하므로 사람들은 방황하고 있는 것입니다. 뿐만 아니라 우리는 죽음의 종 된 육체를 가지고 살아가고 있습니다. 그러므로 인간은 존귀하게 보이지만 이는 겉보기에 그칠 뿐 내면적으로 영은 죄로 말미암아 썩어져가고 있고, 마음속은 텅텅 비어서 삶의 가치와 목적을 상실하고 있으며, 몸은 죽음을 향해 걸어가는 말할 수 없는 비참한 존재입니다. 나아만 장군은 큰 용사였으나 실상은 문둥병자였던 것처럼 우리 인간이 존귀하고 위대하게 보이지만 실상은 죽음에 이르는 절망의 병에 걸려 허덕이고 있는 존재에 불과합니다.

절망 가운데 있던 나아만 장군이 이스라엘에서 온 어린 소녀로부터 기쁜 소식을 들었습니다. 인간의 지식과 지혜와 총명과 수단과 방법으로는 치료를 받지 못하는 나아만 장군이었지만 이스라엘에 가서 엘리사를 만나면 고침 받을 수 있다는 복된 소식이 그의 귀에 들려왔습니다. 그 말씀을 듣자 나아만 장군의 마음속에는 믿음이 들어왔습니다.

오늘날 우리 인간들이 영적으로, 마음으로, 육체적으로, 생활에 병이 들어 절망에 처해있다 할지라도 우리에게는 복된 소식이 있습니다. 그것은 바로 하나님의 아들 예수 그리스도가 이 땅에 오셔서 우리를 위하여 십자가에 달려 돌아가셨다가 부활하심으로 말미암아 우리의 죄악이 청산되고 우리의 질병이 치료받고 우리의 저주가 벗겨지고 우리의 죽음이 철폐되었다는 소식입니다. 십자가에 달려 돌아가셨다가 사흘 만에 부활하시고 승천하신 예수님께서는 교회에만 계시는 것이 아니라 주님 이름으로 두세 사람만 모인 곳에도 성령으로 오셔서 우리의 죄를 사해 주시고 우리의 질병을 고쳐주시며 우리를 축복해 주시고 살려 주시기를 원하신다는 즐거운 소식입니다.

"믿음은 들음에서 나며 들음은 그리스도의 말씀으로 말미암았느니라"(롬 10:17)

사람은 소식을 들어야 믿음이 생기게 됩니다. 아무 소식도 듣지 못하는데서 믿음이 생겨나기를 바란다는 것은 있을 수 없는 일인 것입니다.

사람에게는 할 수 없는 일이 많지만 하나님께서는 전능하신 분이십니다. 하나님께서는 예수 그리스도를 통해 죄악과 질병과 저주와 죽음으로 말미암아 절망에 처한 사람들을 고쳐주시고 살려 주시고 구원해 주시기 위해 성령으로 우리 가운데 와계십니다. 오늘날 성령께서는 여러분이 어떤 처소에 있든지 그곳에 계시니다. 나아만 장군이 즐거운 소식을 듣고 마음속에 믿음을 가진 것처럼 여러분들도 복된 소식에 귀를 기울이므로 하나님의 귀한 믿음을 갖고 하나님의 축복과 기적을 체험하며 사시는 여러분이 되시기를 주님의 이름으로 축원합니다.

나아만 장군은 행함이 있는 신앙인이었습니다.

나아만 장군은 복된 소식을 듣고 난 후 가만히 있지 않았습니다. 그는 이스라엘에 있는 엘리사를 찾아가면 문둥병을 고침 받을 수 있다는 기쁜 소식을 듣자 마음속에 믿음이 생겨 곧 일어나서 이스라엘로 떠나기로 했습니다. 나아만 장군이 이스라엘로 향해 가는 것은 자기의 목숨을 거는 것과 같았습니다. 왜냐하면 이스라엘과 수리아는 적대관계에 있었으므로 나아만 장군이 포로로 잡히는 날이면 살아 돌아올 수 없었기 때문입니다.

그러함에도 불구하고 나아만 장군은 복된 소식을 들어 믿음이 마음속에 들어오자마자 그 믿음을 실천하기로 했습니다. 나아만 장군은 왕에게 가서 이스라엘에 있는 엘리사 선지자에게 병 고침 받고 오겠다는 허락을 받은 뒤 이스라엘로 향해 가는 믿음의 행진을 시작했습니다.

"행함이 없는 믿음은 죽은 것이니라"(약 2:26)고 했습니다. 복된 소식을 듣고 믿음을 얻었으면 예수님을 만나기 위해 교회에 나와야 됩니다. 교회는 하나님의 말씀을 듣고 주 예수님을 만나며 하나님께 예배드리는 거룩한 집입니다.

요즘은 통신매체가 발달하여 집에서도 TV나 컴퓨터로 예배를 드릴 수 있다고 생각한다면 이것은 크게 잘못된 것입니다. 복음을 듣고 믿음을 얻었으면 나아만 장군이 엘리사를 만나기 위해 이스라엘로 갔던 것처럼 하나님의 집에 찾아가야 합니다. 이곳에서 예수님은 여러분을 만나고 치료해 주시고 살려주시고 기적을 베풀어 주시기 때문입니다.

그런데 이스라엘에 간 나아만 장군은 엉뚱한 곳으로 갔습니다. 그는 당연히 엘리사를 찾아가야 함에도 불구하고 이스라엘의 왕을 찾아갔습니다. 이스라엘의 왕은 나아만 장군의 병을 고칠 수 없었습니다. 그는 한 나라의 왕이었지만 하나님의 기적을 행할 수는 없었습니다. 마찬가지로 오늘 여러분이 정치에서 하나님의 역사를 기대하고 찾아가면 실패할 것입니다. 종교에서 하나님의 역사를 기대하고 찾아가도 실패할 것입니다. 어떠한 교파를 찾아도 실패할 것입니다. 여러분과 내가 찾아가야 할 곳은 정치나 종교, 교파나 의식이 아닙니다. 우리는 우리를 위해 십자가에 달려 돌아가셨다가 부활하시고 성령으로 우리 가운데 와계시는 나사렛 예수를 찾아가야 합니다.

나아만 장군이 이스라엘에 가서 엘리사를 찾아가지 않고 왕을 찾아감으로써 이스라엘에서는 큰 소란이 일어났을 뿐 아니라 나아만 장군의 병도 고침 받지 못했습니다.

우리가 순수한 신앙으로 하나님의 구원의 역사를 예수 그리스도 안에서 찾지 아니하고 정치적인 동기, 사회적인 동기, 종교적인 동기에서 찾으려고 한다면 소란만 일으키고 구원의 역사도 찾을 수 없습니다. 나사렛 예수를 만나서 우리의 속사람이 자유를 얻고, 하나님의 치료를 받아들여 건강하게 되고 사망에서 생명으로, 마귀의 지식에서 하나님의 자녀로, 이 세상 백성에서 하늘나라 백성으로 변화 받는 것이 참 구원입니다. 우리의 소망은 이 땅에 있지 않습니다. 우리의 진실한 소망은 영원한 천국에 있습니다.

복음의 근원적인 목적은 정치나 사회개혁에 있지 않습니다. 종교를 전파하기 위한 것도 아닙니다. 영적으로, 정신적으로, 육체적으로 문둥병자가 된 우리가 고침 받는 데 복음의 근원적인 목적이 있는 것입니다.

"그런즉 누구든지 그리스도 안에 있으면 새로운 피조물이라 이전 것은 지나갔으니 보라 새 것이 되었도다"(고후 5:17)

사람들로 하여금 예수님을 만나게 함으로써 그리스도 안에서 성령으로 말미암아 새 사람이 되게 하는 것이 교회의 사명이요,

신앙인의 사명입니다. 변화된 사람이 가정에 가면 가정이 변화되고, 변화된 사람이 사회에 나가면 사회가 변화됩니다. 변화된 사람만이 국가를 변화시키고 세계를 변화시킬 수 있습니다. 이것은 콩 심은데 콩 나고 팥 심은데 팥 나는 것과 같은 이치입니다.

나아만은 행함이 있는 신앙인이었으나 잘못 행함으로써 크게 실망했습니다. 그는 세상의 정치적 권력을 이용하여 하나님의 축복을 받으려고 했다가 실패했습니다. 그는 종교에서 구원을 얻으려다가 실패했습니다.

구원에는 왕도가 없습니다

우리가 하나님 앞에 서면 대통령이나 국무총리나 일반 서민이나 거지나 모두 똑같은 인간에 불과합니다. 그런데 나아만 장군은 자신이 위대한 장군이라는 것을 자랑스럽게 여기며 그것을 수단으로 구원을 받으려고 했습니다. 그는 군복을 입고 견장을 달고 수레를 타고 가슴을 펴고 나아가 구원을 받으려고 했습니다. 그러나 하나님 앞에서는 모든 사람이 다 똑같이 죽음에 이르는 병에 걸려 있으므로 하나님께서는 나아만을 장군으로서 구원하려고 하시지 않습니다. 나아만 장군이 그의 부하들을 거느리고 위엄에 찬 모습으로 엘리사의 집을 찾아갔지만 나아만 장군은 단지 신분이 낮은 평민과 같은 대접밖에는 받지 못했습니다. "요단 강에 일곱 번 목욕하면 깨끗함을 받을 것입니다."라는 종의 전갈은 어떤 사람에게나 주시는 하나님의 명령입니다.

하나님께서는 사람의 외모를 보시지 않습니다. 인간은 하나님의 형상과 모양대로 지어졌기 때문에 하나님의 눈에는 장군이나 정치가나 평민이나 거지나 다 동일하게 보이는 것입니다.

나아만 장군은 장군으로서 구원을 받으려고 했지만 그렇게 대접해주지 않았기 때문에 무척 화가 났습니다. 그는 그냥 돌아가려고 했다가 곁에 있는 사람들이 간청하자 거의 밀리다시피 하여 요단 강 흙탕물에 들어가서 목욕을 하게 되었습니다. 그가 흙탕물인 요단 강에 들어가 목욕을 하게 되자 나아만 장군은 장군으로서의 위대함도 사라져버리고 이제는 오직 문둥병자로서 고침 받기만을 간절하게 간구하는 하나의 인간에 불과한 자신을 발견하게 되었습니다. 나아만 장군이 일곱 번 목욕을 했다는 것은 깊은 의미가 있습니다. 나아만 장군이 요단 강에 들어가서 목욕을 했다는 것은 무엇보다도 그가 회개했다는 것을 의미합니다. 요단 강은 바로 회개의 강입니다. 그러므로 여러분과 내가 구원을 얻기 위해 하나님 앞에 나아오려면 나아만 장군이 요단 강물에 일곱 번 씻은 것처럼 회개의 역사가 있어야 됩니다.

그러므로 우리가 하나님 앞에 나와서 영육 간에 치료를 받는 은총을 받으려면, 탐심의 죄를 씻어내야만 됩니다. 인류의 조상인 아담과 하와가 에덴동산에서 쫓겨나게 된 것은 그들이 하나님의 피조물인 인간임에도 불구하고 그것을 잊고 분수를 넘어 하나님과 같이 되려는 탐심을 가졌기 때문입니다. 자기의 분수를 모르고 탐심으로 날뛰는 사람은 이로 말미암아 망하고 맙니다. 그러므로 우리는 하나님 앞에 나올 때 탐심의 죄를 회개해야 됩니다.

또한 불신앙의 죄를 씻어야 됩니다. 아담과 하와는 불신앙의 죄를 지었습니다. 하나님께서 아담에게 분명히 "선악을 알게 하는 나무의 열매는 먹지 말라 네가 먹는 날에는 반드시 죽으리라"(창 2:17)고 말씀하셨는데 하와는 뱀에게 하나님께서 "죽을까 하노라"(창 3:3)라고 말씀하셨다고 했습니다. 하와는 하나님의 말씀을 전적으로 믿지 않고 반신반의했습니다.

오늘 얼마나 많은 사람들이 하나님의 말씀을 반신반의하고 있습니까? 우리는 이 반신반의하는 죄를 회개해야 합니다. 하나님의 말씀을 액면 그대로 받아들이고 믿음으로 실천할 때 하나님의 역사가 일어나게 되는 것입니다.

불순종의 죄를 회개해야 합니다. 아담이 하나님의 말씀을 전적으로 안 믿은 것은 아닙니다. 말씀을 믿었기 때문에 하와에게도 하나님의 말씀을 전해 주었던 것입니다. 아담은 하나님의 말씀을 알고 믿으면서도 선악과를 권하는 하와의 유혹을 이기지 못하여 불순종하고 말았습니다. 오늘날 사람들이 하나님의 말씀을 알고 믿으면서도 다른 사람들의 유혹에 이기지 못하여 하나님께 불순종하는 사람이 얼마나 많은지 모릅니다. 우리는 하나님의 말씀을 알고 믿으면서도 불순종하는 생활을 해온 죄를 회개해야 될 것입니다. 주일에 교회에 와서 하나님께 예배드리지 않고 산과 들로 놀러가며, 십일조를 드리지 않고 도적질하고, 전도해야 될 사명이 있음에도 불구하고 다른 사람에게 전도하지 않고, 주님 뜻대로 살아야 되는 줄 알면서도 내 마음대로 살아온 죄, 알고 믿으면서도 불순종한 죄를 모두 회개해야 됩니다.

미움의 죄를 회개해야 됩니다. 많은 사람들이 마음속에 미움의 죄를 그대로 간직한 채 하나님 앞에 나와 응답해 달라고 부르짖어 기도하는데 이러한 사람은 아무리 기도를 해도 기도 응답을 받지 못합니다. 성경은 "서서 기도할 때에 아무에게나 혐의가 있거든 용서하라 그리하여야 하늘에 계신 너희 아버지께서도 너희 허물을 사하여 주시리라"(막 11:25)고 기록하고 있습니다. 미움이란 누룩과 같아서 우리들의 마음을 좀먹어 갑니다. 어렸을 때, 혹은 젊었을 때 미워한 것이 누룩처럼 마음속에 붙어 있으면 신앙생활을 하는데 방해를 받습니다. 그러므로 타당성이 있는 미움이라 할지라도 미움은 우리의 신앙을 파괴하므로 이를 회개해야 될 것입니다.

교만의 죄를 씻어내어야 됩니다. 하나님을 믿지 않는 사람들의 불신앙 그 자체가 벌써 교만의 죄를 짓고 있음을 말해줍니다. 그러나 예수님을 믿는 사람 가운데도, 주님을 바라보던 눈을 돌이켜서 자신을 바라보고 자기가 이룩한 업적과 자신의 위대성, 훌륭함을 생각하게 되면 그때로부터 시작하여 교만의 죄를 범하게 되는 것입니다. 우리는 교만의 죄를 회개해야 됩니다. 우리가 주님 발 앞에 엎드리고 주님만 바라보는 생활을 하게 될 때 우리의 마음에는 교만이 자리 잡을 수 없게 되는 것입니다.

부정적인 생활태도를 씻어내야 됩니다. 자기 자신에 대해 부정적이고, 가정에 대해서 부정적이고, 이웃과 친구와 친척에 대해 부정적이고, 사회와 국가에 대해서 부정적인 사람이 얼마나 많은지 모릅니다. 신문을 보든지 라디오를 듣든지 텔레비전을 보면 긍정적이고 창조적인 내용은 별로 없고 죽이고 훔치고 자살하고 안 되고 위기에 처했다는 부정적인 소식이 대부분이어서 수많은 사람들이 부정적인 생각으로 오염되고 있습니다.

하나님께서는 "우리가 구하거나 생각하는 모든 것에 더 넘치도록"(엡 3:20) 하신다고 하셨는데 우리의 생각이 부정적인 생각으로 꽉 차있다면 아무것도 이루어질 수 없습니다. 그러므로 우리는 부정적인 생활태도를 씻어야 됩니다.

거룩하지 못한 죄를 회개해야 됩니다. 음란하고 방탕한 생활을 함으로써 거룩하지 못한 죄를 범하는 사람들이 많이 있습니다. 오늘날 세계는 음란과 퇴폐풍조 속에 침몰되어가고 있습니다. 우리는 우리의 생활에서 거룩하지 못한 죄를 회개해야 되는 것입니다.

나아만이 요단강에 들어가서 일곱 번 목욕한 것처럼 우리들도 주님 앞에 나올 때 일곱 가지 죄를 회개해야 됩니다. 탐심의 죄를 회개하고, 불신앙의 죄를 회개하고, 불순종의 죄를 회개하며, 미움의 죄를 회개하고, 교만의 죄를 회개하고, 부정적인 생활태도를 회개하고, 거룩치 못한 생활태도를 회개하고 오직 주님 중심에 서게 되면 주님께서 여러분과 나를 받아들여서 우리의 영과 몸과 마음과 생활의 문둥병을 고쳐주실 것입니다.

"나더러 주여 주여 하는 자마다 천국에 들어갈 것이 아니요 다만 하늘에 계신 내 아버지의 뜻대로 행하는 자라야 들어가리라"(마 7:21)

이제 우리도 나아만 장군처럼 기쁜 소식을 듣고 믿음을 얻은 다음 믿음으로 실천하고 회개의 요단 강에 들어가서 일곱 번 목욕함으로써 일곱 가지 죄를 회개하고 하나님의 은총을 받아 영혼이 잘 됨같이 범사가 잘 되고 강건하며 생명을 얻되 넘치게 얻게 되시기를 주님의 이름으로 축원합니다.

2 너희 믿음을 보여다오

-
-
-

    예수님께서 나사렛을 떠나 가버나움으로 향하셨습니다. 나사렛에서는 예수님이 냉대를 받았지만 가버나움에서는 예수님께서 오시기를 학수고대하고 있었습니다.

    그곳 사람들은 예수님이 하나님의 아들인 것을 믿고 그리스도를 마음속에 모셨습니다. 그러자 가버나움에서는 기적이 일어났습니다.

    죄인이 죄를 용서함 받고, 병든 자가 건강하게 되며, 불안과 공포에 떠는 사람의 마음속에 평안이 깃들게 되었고 죽은 자가 살아났습니다. 주님께서는 그의 사역기간 동안 이곳을 사역의 본부로 삼으셨습니다.

    어느 날 예수님께서 가버나움의 한 집에 들리셨습니다. 주님께서 가버나움에 오셨다는 소문은 순식간에 퍼져 많은 사람들이 예수님을 만나려고 예수님이 계신 곳으로 몰려왔습니다. 예수님이 계시는 집은 몰려든 사람으로 꽉 차게 되어 입추의 여지가 없게 되었습니다. 예수님께서 모인 사람들에게 말씀을 들려주고 계실 때였습니다.

예수 그리스도의 권세와 능력을 믿는 사람들이 중풍병에 걸려 꼼짝하지 못하고 자리에 누워있는 친구를 예수님께 데려가자고 의견을 모았습니다. 그래서 중풍 병이 든 친구를 들것에 눕혀 메고 예수님이 계신 곳으로 왔습니다. 와서 보니 사람들이 너무 많아 한 발자국도 옮길 수 없었습니다. 사람들 틈을 비집고 주님 앞까지 병자를 데리고 간다는 것은 불가능하다는 것을 알게 되었습니다.

오늘날도 신유의 기적이 일어나면 사람들이 물결이 밀려오듯 몰려옵니다. 중풍병자인 친구를 예수님 앞에 데리고 가기만하면 그 친구의 병이 나을텐데 주님 앞에 갈 수가 없어 안타까워하던 그들은 궁리 끝에 지붕을 뜯어서라도 주님 앞에 그 친구를 데려가리라 마음을 먹었습니다. 그들은 지붕 위에 올라가서 지붕을 뜯기 시작하였습니다.

지붕 위에 큰 구멍을 내고서 중풍병자가 누워있는 상에 줄을 매달아 밑으로 내려 바로 예수님 앞에 놓이게 했습니다. 그들은 사람들 사이로 지나서는 예수님 앞에 올 수 없자 이와같이 하여 예수님 앞에 병자가 갈 수 있게 한 것입니다.

우리가 신앙생활을 하는데 문제가 있어 기도를 해도 곧 응답이 오지 않고 일이 더 어려워진다고 낙심하지 마십시오. 일이 어려워지고 잘 풀리지 않으면 주님께서 중풍병자가 지붕을 뜯고 예수님께로 나올 수 있게 하셨듯이 다른 방법을 택하셔서 문제가 해결되게끔 길을 열어 주시는 것입니다.

그런데 성경에 보면 "예수께서 그들의 믿음을 보시고"(눅 5:20)라고 했습니다. 흔히들 믿음은 보이지 않는다고 생각하지만 믿음은 볼 수 있는 것입니다. 사람들이 "하나님이여, 기적을 보여주십시오. 그러면 믿겠나이다."고 하지만 하나님께서는 이렇게 말씀하십니다. "먼저 너희의 믿음을 보여다오. 그다음에 내가 기적을 보여주마."

"행함이 없는 믿음은 그 자체가 죽은 것이라"(약 2:17)

우리가 하나님의 말씀을 듣고 인간의 상상으로 이루어질 수 없는 일이라 생각되어도 믿음으로 밀고 나가면 하나님의 기적이 나타나게 되는 것입니다. 하나님께서는 행함으로 믿음을 보여주라고 하셨습니다. 이렇기 때문에 하나님께서는 기적을 베푸시기 전에 반드시 우리들의 믿음을 시험해 보십니다.

이스라엘 백성이 요단 강을 건널 때 어떻게 하였습니까? 여호수아가 삼백만 이스라엘 백성을 이끌고 요단 강가에 도착하였습니다. 그런데 모맥을 거두는 때는 요단 강물이 항상 언덕에까지 넘치는 것입니다. 여느 때보다 강물이 불어 넘실대고 있는데 한 척의 배도 없이 삼백만 이스라엘 백성은 이 강을 건너야 합니다. 하나님께서는 여호수아에게 이 요단강을 건너라고 하였습니다. 그러자 여호수아는 하나님의 말씀대로 이스라엘 백성에게 "요단 강을 건너가라. 요단 강이 갈라져 마른 땅같이 되어 너희가 지나가리라."고 했습니다.(수 3:13)

그리하여 법궤를 맨 제사장이 앞장을 서고 이스라엘 백성이 그 뒤를 따르게 되었습니다.

앞장선 제사장이 법궤를 메고 먼저 강으로 갔습니다. 신발에 물이 찰랑찰랑 넘치려고 합니다. 그들이 강에 들어가기만 하면 강이 갈라질 줄 알았는데 강이 갈라지지 않습니다. 그래서 뒤를 돌아 여호수아를 보니 여호수아가 "앞으로 가라. 하나님께서 요단 강이 갈라진다고 했으니 요단 강은 갈라진다."고 합니다.(수 3:15-16)

그들은 좀 더 앞으로 나갔습니다. 물이 신발을 덮었습니다. 요단 강은 여전히 갈라지지 않습니다. 법궤를 맨 제사장은 또 뒤돌아 봤습니다. 여호수아는 앞으로 가라고 손짓을 합니다.

그들은 앞으로 나아갔습니다. 물은 발목을 넘치게 되었습니다. 앞장서 가던 그들은 겁이 더럭 났습니다. 그래도 여호수아는 앞으로 가라고 합니다. 물이 발목을 넘치니 겁도 나고 의심도 생겼지만 믿음으로 앞으로 나갈 때 요단 강이 갈라지기 시작했던 것입니다.

하나님께서 기적을 베풀어 주시기 전에 믿음을 시험해 보신 경우를 구약에서 한번 더 찾아봅시다. 이스라엘 백성이 여리고성에 도착했을 때 하나님이 이스라엘 백성과 함께하신다는 소문이 다 퍼져 있었으므로 여리고 사람들은 전심전력으로 성을 철통같이 수비하고 있었습니다.

그런데 하나님께서는 여호수아에게 "여리고 성을 엿새 동안 매일 한 번씩 돌되, 일곱째 날에는 성을 일곱 번 돌고 난 뒤 제사장이 나팔을 불어 그 나팔소리가 백성들에게 들리면 백성들은 일제히 고함을 쳐라. 그리하면 여리고 성이 무너지리라."(수 6:3-5)고 하셨습니다.

하나님의 말씀대로 이스라엘 백성이 여리고 성 주위를 돌기 시작하였습니다. 이스라엘 백성들이 하루에 한 번씩 성을 돌고 진으로 돌아왔습니다. 진에 와서 앉아 있노라면 '저렇게 크고 튼튼하고 철통같은 성이 무너질까? 하는 부정적인 생각이 이스라엘 백성들의 마음속에 들어옵니다.

하루가 지나고 이틀이 지나가고 사흘이 지나가고 나흘이 지나가고 닷새가 지나갑니다. 날이 가면 갈수록 성이 무너진다는 긍정적인 생각보다는 성이 무너지지 않는다는 부정적인 생각이 더 짙어집니다. 게다가 여리고 성 사람들은 아래로 내려다보며 "흥! 바보 같은 짓을 하고 있군. 너희들이 성 주위를 돈다고 해서 우리의 성이 무너질 것 같아?"하고 비웃으며 조롱을 했습니다.

여리고 성 안의 사람들은 이스라엘 백성들과 무기를 가지고 서로 싸울 줄 알았는데 이스라엘 백성들이 고작 성 주위만 돌고 있으니 더 큰 소리를 쳤던 것입니다.

하나님께서 "엿새 동안 이같이 행하니라"(수 6:14)고 하셨는데 거기에는 이유가 있습니다. 엿새 동안 성 주위를 돌면서 성을 눈으로 보고 잘 생각하여 성이 무너질 것 같지 않으면 뒤로 물러서고, 그렇지 않으면 일곱째 날에 일곱 바퀴를 돌고 고함을 치라는 것입니다.

엿새 동안 성을 돌고 난 이스라엘 백성들은 마음에 무서운 시련을 겪게 되었습니다. 아무리 생각해 봐도 성이 무너질 것 같지 않자 그들은 절망의 벽에 부딪치게 되었습니다. 그러나 절망의 벽을 넘어서 하나님의 말씀 위에 서기를 작정하고 일곱째 날에는 성 주위를 일곱 번 돌고 제사장이 나팔을 불 때에 백성들이 일제히 고함을 쳤습니다.

그러자 성에 지진이 일어났습니다. 지진이 일어나 성이 무너지고 말았습니다.

하나님은 사람들의 믿음을 보시기 원하고 계십니다

중풍병자가 누워있는 상에 줄을 매달아 지붕에서 내리려면 믿음이 없이는 할 수 없습니다. 왜냐하면 남의 집 지붕을 뜯고 구멍을 내면 집주인으로부터 "왜 지붕을 뜯느냐?"는 시비가 없더라도 지붕을 다시 수리해 줘야하는 어려움이 있습니다. 그리고 높은 곳에서 아래로 사람을 내리다가 잘못하여 줄이 끊어지면 그 사람은 떨어져 다치게 될 것입니다.

많은 어려움이 있음에도 불구하고 그들은 병자를 예수님 앞에 보내면 고침을 받을 것을 믿었고 그 믿음을 실천하였습니다.

중풍병자가 누운 상이 아래로 내려오는 것을 보신 예수님께서는 그들의 믿음을 보시고 중풍병자에게 "작은 자야 네 죄 사함을 받았느니라"(막 2:5)고 말씀하셨습니다.

주님께서는 병을 고치러 온 사람에게 "네 죄 사함을 받았다"고 하셨는데 왜 그렇게 말씀하셨을까요? 병든 육체를 고치는 것보다도 더 중요한 것이 있기 때문에 그렇게 말씀하신 것입니다.

육보다 더 중요한 것은 영혼입니다

육신은 죽으면 없어지고 말지만 영혼은 영원히 존재합니다.

사람들이 죄 사함을 받지 않으면 영혼이 영원히 불타고 있는 지옥 불에 떨어지므로 주님께 나온 사람들은 먼저 영혼의 구원부터 받아야합니다.

원래 병이란 죄로 말미암아 생긴 것입니다. 이 세상에 모든 질병이 들어오게 된 것은 인류의 조상이 아담과 하와가 하나님을 반역하고 죄를 지었기 때문입니다.

"죄의 삯은 사망이요"(롬 6:23)

인류의 조상인 아담과 하와가 지은 죄로 말미암아 사망이 이 땅에 들어온 것입니다.

육신이 죽으려면 병이 들어야 하는데 병이 드는 것은 죽음의 시작입니다. 죽음의 시작인 병을 옮겨 놓기 위해서는 먼저 영혼이 죄 사함을 받아야합니다. 죄로 말미암아 죽음이 오지만 죄를 용서받게 되면 영생에 들어가게 됩니다

영생의 시작은 죄 사함을 받아 병 고침을 받는 것에서 시작되는 것입니다. 그렇기 때문에 예수님께서는 다니시는 곳곳마다 "천국이 가까왔다"(마 10:7)고 하시며 병자를 고치신 것입니다. 예수님께서는 중풍병자에게 "네 죄 사함을 받았느니라"(막 2:5)고 하셨습니다. 오늘날에도 병든 사람이 주님 앞에 엎드려 기도하면 하나님이 병을 고쳐주시는 것입니다. 하나님 앞에서 우리들의 육

체가 치료받기를 원한다면 우리들은 철저하게 회개를 해야 합니다.

밤이 되어 전깃불을 켜려고 할 때 전기 줄을 끊어 놓고 스위치를 넣으면 전기불이 켜지지 않지만 전선을 연결하면 불이 환하게 들어옵니다. 또한 파이프가 끊어져 있는데 수도꼭지를 틀면 수돗물이 나오지 않습니다. 그러나 파이프를 연결해 놓고 난 뒤 수도꼭지를 틀면 금방 수돗물이 쏟아져 나옵니다. 이와 같이 회개는 전깃줄을 잇고 파이프를 연결하는 것과 같습니다.

우리가 하나님 앞에 나와 마음속의 죄를 회개하여 우리들의 죄가 사함을 받게 되면 하나님의 성령이 나와 연결이 되는 것입니다. 하나님과 나 사이가 연결이 되어 있을 때 예수 이름으로 기도하면 하나님의 영광의 기적이 임하게 됩니다.

예수님께서 중풍병자에게 "네 죄 사함을 받았느니라"고 말씀하시자 사두개인과 바리새인들은 마음속으로 "이 사람이 어찌 이렇게 말하는가"(막 2:7)하고 못마땅하게 여겼습니다. 그러자 예수님께서는 이것을 아시고 "중풍병자에게 네 죄 사함을 받았느니라 하는 말과 일어나 네 상을 가지고 걸어가라 하는 말 중에서 어느 것이 쉽겠느냐 그러나 인자가 땅에서 죄를 사하는 권세가 있는 줄을 너희로 알게 하려 하노라"(막 2:9-10)고 말씀하시며 중풍병자를 향해서 "내가 네게 이르노니 일어나 네 상을 가지고 집으로 가라"(막 2:11)고 하시자 들것에 눕혀왔던 중풍병자가 일어나 침상을 들고 집으로 갈 채비를 하자 사람들 사이로 길이 열렸습니다. 중풍병자는 죄 사함을 받아 깨끗함을 입고 유유히 그 길을 걸어갔습니다.

보리밭에서 김을 맬 때 풀을 뽑아 놓으면 처음 얼마 동안은 풀이 싱싱하게 살아있는 듯합니다. 그러나 뿌리째 뽑혔기 때문에 얼마 있지 아니하여 그 풀은 마르고 맙니다. 이와 마찬가지로 예수님은 먼저 우리 죄의 뿌리를 뽑으시사 우리들의 죄를 용서해 주셨습니다.

죄가 바로 사망의 권세를 잡고 있는 것이며 죄의 값은 사망이기 때문입니다. 사망의 시작이 병이므로 죄를 용서하여 사망의 뿌리를 뽑아버리면 병은 자연히 물러가게 됩니다.

우리들이 회개하는 것은 병의 뿌리를 뽑는 것이며, 병의 뿌리란 죄를 말하는 것입니다. 우리들이 회개하여 병의 뿌리를 뽑으면 뿌리 뽑힌 풀이 마르듯 뿌리 뽑힌 병도 곧 낫게 되는 것입니다. 그래서 예수님께서도 죄의 문제를 먼저 해결하셨습니다. "소자야 네 죄 사함을 받았느니라"고 하시니 누워서 왔던 사람이 걸어서 돌아갈 수 있었던 것입니다.

이처럼 우리들도 영혼이 구원받으면 병 고침을 받을 뿐만 아니라 다른 문제들도 해결 받게 됩니다.

그러므로 우리가 하나님의 능력을 의지할 때 사람이 상상할 수 없는 위대한 능력으로 창조적인 생활을 할 수 있는 것입니다.

3 두려워 말고 믿기만 하라

-
-
-

하루는 회당장 야이로가 예수님께 찾아와 "내 어린 딸이 죽게 되었사오니 오셔서 그 위에 손을 얹으사 그로 구원을 얻어 살게 하소서."라고 간구하였습니다. 예수님께 허락을 받은 야이로는 예수님을 모시고 급히 집으로 갔습니다. 그런데 야이로가 문 앞에 이르렀을 때 집에서 사람이 뛰어나오더니 "당신의 딸이 죽었나이다. 어찌하여 선생을 더 괴롭게 하나이까."라고 말하는 것이었습니다.

이 말을 들은 야이로는 절망으로 인해 크게 두려워하였습니다. 그럴 때 예수님께서는 "두려워 말고 믿기만 하라"(막 5:36)고 말씀하셨습니다.

이는 저 하늘이 무너지고 이 땅이 꺼져도 일점일획도 변할 수 없는 하나님의 말씀이었습니다. 야이로는 여기에서 예수님의 말씀을 믿을 것이냐, 아니면 환경이나 경험, 부정적인 환상을 바라보고 포기할 것이냐를 결정해야 했습니다. 그때 야이로는 자기의 환경이나 경험, 부정적인 환상을 저버리고 예수 그리스도의 말씀을 택했습니다. 그래서 그는 예수님과 함께 걸었습니다.

예수님께서는 베드로와 야고보와 야고보의 형제 요한 외에 아무도 따라옴을 허락지 아니하시고 회당장의 집에 가셨습니다. 집에 들어가신 예수님께서는 통곡하고 훤화하는 사람들을 향해 "너희가 어찌하여 떠들며 우느냐 이 아이가 죽은 것이 아니라 잔다"(막 5:39)고 말씀하셨습니다. 그러자 그들은 예수님을 비웃었습니다.

그러자 예수님께서 비웃는 자들을 다 쫓아내신 후 함께 데려온 베드로와 야고보와 요한과 소녀의 부모를 데리고 죽은 소녀의 방으로 들어가셨습니다. 오늘날도 예수님께서는 의심하는 자와 함께 하시지 않습니다. 예수님께서는 고향 나사렛에서 사람들이 믿지 않으므로 능력을 행하지 않으셨습니다.

야이로는 '종의 말'과 '예수님의 말씀' 이 두 가지 음성을 듣고 예수님의 말씀을 택했습니다. 믿음이란 선택입니다. 아무리 우리의 환경이 나빠도 우리는 '종의 말'을 선택할 것이 아니라 믿음을 가지고 '예수님의 말씀'을 선택해야 합니다.

오늘날 하나님의 위대한 능력을 믿지 않는 사람은 결코 하나님의 능력을 체험할 수 없는 것입니다. 이 때문에 예수님께서는 비웃는 자들을 다 쫓아내고 신앙이 가장 좋은 세 명의 제자와 소녀의 부모를 데리고 소녀의 방으로 들어가신 것입니다. 소녀의 방에 들어가신 예수님께서는 그 소녀의 손을 잡고 "달리다굼"(소녀야 내가 네게 말하노니 일어나라)하고 말씀하셨습니다. 그러자 그 소녀는 자다가 깨어난 듯 부스스 일어나 그 자리에서 걸었습니다. 성경은 이 사실에 대해 다음과 같이 기록하고 있습니다.

"소녀가 곧 일어나서 걸으니 나이가 열 두 살이라 사람들이 곧 크게 놀라고 놀라거늘 예수께서 이 일을 아무도 알지 못하게 하라고 그들을 많이 경계하시고 이에 소녀에게 먹을 것을 주라 하시니라"(막 5:42-43)

예수님께서는 죽은 자를 살려주시긴 했지만 음식은 주시지 않았습니다. 밥을 먹는 것은 사람이 할 수 있는 일입니다. 예수님께서는 사람이 할 수 없는 일에 기적을 베푸시며, 사람이 할 수 있는 일은 사람에게 맡기시는 것입니다. 오늘날도 우리가 할 수 있는 일은 우리가 하고 우리가 할 수 없는 일을 주님께 맡겨야 합니다.

우리가 하나님의 기적을 체험하고 병 고침을 받기 위해서는 두 가지 음성 중 하나님의 음성을 선택해야 합니다. 저 하늘이 무너지고 이 땅이 꺼져도 하나님의 말씀은 일점일획도 변치 않습니다. 예수님께서도 친히 말씀하시기를 하나님의 말씀은 폐하지 못한다고 하셨습니다. 하나님의 말씀이 기록된 성경은 하나님께서 인류에게 주신 가장 위대한 선물입니다.

"당신의 딸이 죽었나이다.", "두려워 말고 믿기만 하라."

야이로가 이 두 가지 음성을 들었듯이 우리도 이 세상을 살아가면서 끊임없이 두 가지 음성을 듣습니다. 절망의 음성은 우리를 불안과 공포로 몰아넣어 파탄에 이르게 하지만 하나님의 말씀은 우리에게 무한한 믿음과 용기를 주십니다. 예수님을 믿는 우리가 분명히 알아야 할 것은, 우리는 비록 육신을 입고 있지만 내적인 세계를 가지고 있다는 것입니다. 천지와 만물을 지으신 하나님, 독생자 예수님을 이 땅에 보내사 십자가에 못 박아 피 흘리게 하심으로 그 피를 통해 우리와 새로운 언약을 맺으신 하나님께서 우리와 함께 계십니다.

이 하나님께서 성경을 통해 우리에게 믿음, 소망, 사랑을 주십니다. 그러므로 우리 크리스찬들은 성경이 있는 이상 결코 절망할 수 없습니다. 여러분은 죽은 자를 살리시며, 없는 것을 있게 하시는 하나님의 말씀을 선택함으로 영육 간에 강건하며 위대한 신앙의 승리를 이루게 되시기를 주님의 이름으로 축원합니다.

4 예수여 나를 불쌍히 여기소서

-
-
-

   예수님께서 여리고에서 나가실 때에 디매오의 아들 소경 거지 바디매오가 길가에 앉아 있었습니다. 여리고는 죄가 있고, 마귀가 있고, 절망과 저주가 있는 세상을 상징합니다. 그런데 이처럼 저주가 있는 세상에서 바디매오는 비참하게도 거지까지 되어 구걸을 하고 있었습니다. 그러니 아주 거친 운명에 부딪힌 사람이었습니다. 누구든지 바디매오를 절망적인 사람으로 보았습니다. 오늘날 이었으면 자선단체에서 구제도 해주고 개안수술도 해주었을지도 모릅니다. 그러나 당시에는 그런 혜택이 있을리 만무합니다. 그래서 사람들의 눈에 보이는 바디매오는 재기할 수 없는 사람으로 보였을 것입니다.

   바디매오는 처절한 운명을 타고난 사람이었으나 예수님을 통해 자신의 운명을 전환시키고 재기했습니다. 우리는 바디매오의 모습에서 믿음의 중대한 요소를 발견할 수 있습니다.

바디매오는 늘 긍정적인 소망을 가지고 있었습니다

바디매오는 오늘보다 나은 내일을 기대하며 살았습니다. 기대감이란 마치 꽃의 향기와도 같습니다. 꽃에서 향기가 나면 나비와 벌이 몰려옵니다. 이처럼 우리가 기대감을 갖고 있으면 하나님의 기적을 체험할 수 있는 동기를 마련하게 되는 것입니다.

당시에는 많은 거지와 장님이 있었습니다. 그런데 하필 예수님께서 바디매오 곁으로 지나가시게 되셨을까요? 그것은 바로 바디매오가 내일을 향한 기대감을 버리지 않고 계속 갖고 있었기 때문입니다. 그 때문에 그는 비참한 자기 현실을 비관하여 자살할 수도 있었음에도 불구하고 그렇게 하지 않았던 것입니다.

바디매오는 이렇게 처절한 비극을 안고 있는 사람이었습니다. 그의 아버지 디매오도 소경 거지였습니다. 그러니 그의 처지가 얼마나 처참했겠습니까? 여러분의 처지가 아무리 나빠져도 바디매오처럼 되지는 않을 것입니다. 그러나 바디매오는 기대를 버리지 않았습니다. 처절한 비극을 안고 있는 바디매오가 기대를 버리지 않았는데 여러분이 기대를 버린다면 여러분은 부끄러운 존재입니다.

이러므로 예수님을 구주로 모시고 하나님을 '아빠 아버지'로 부르는 여러분은 어떠한 일이 있더라도 기대를 버리지 않게 되시기를 주님의 이름으로 축원합니다. 마음의 동기를 잃어버린 사람만큼 불쌍한 사람은 없습니다. 나는 오랜 세월동안 목회하면서 마음의 동기를 갖고 있는 사람은 어떠한 절망이 다가와도 기도와 믿음으로 기어이 승리해 나가는 것을 보았습니다.

기대를 갖고 있는 바디매오에게 기적의 날이 다가왔습니다

기대를 저버리지 않았던 바디매오는 어느 날 많은 사람들이 요란스럽게 지나가는 소리를 듣고 한 사람을 붙잡고 물어보았습니다. "누가 오기에 이렇게 많은 사람이 지나갑니까?" 그러자 그 사람은 나사렛 예수께서 지나가시기 때문이라고 대답했습니다. 그는 전부터 예수님께서 하나님의 아들이시요 메시아란 소문을 들었던 터라 그 자리에서 "다윗의 자손 예수여 나를 불쌍히 여기소서."라고 크게 소리를 질렀습니다. 바디매오가 어찌나 크게 소리쳤던지 주위에 있는 사람들이 잠잠하라고 꾸짖었습니다. 그러나 바디매오는 꾸짖는 사람들의 비난에도 아랑곳하지 않고 "다윗의 자손이여 나를 불쌍히 여기소서."라고 결사적으로 소리를 질렀습니다.

하나님의 응답을 받으려면 결사적인 기도를 해야 합니다. 예수님께서는 군중들의 말소리보다 바디매오의 소리가 더 컸기 때문에 발걸음을 멈추시고 바디매오를 부르셨던 것입니다. 여러분이 어떤 목표를 놓고 간절히 금식하면서 기도하여 하나님께 부르짖으면 주위 사람들은 미쳤다고 손가락질할 것입니다. 혹은 여러분이 간절한 마음에 기도원에 들어가 결사적으로 기도하면 친지들은 죽도록 노력해도 못사는 세상인데 곰처럼 굴속에 들어가 있다고 조롱할 것입니다.

그러나 여러분이 그리스도를 만나려면 주위에서 사람들이 "미쳤구나."라고 힐난해도 전력을 기울여 기도해야 할 것입니다. 예수 그리스도께서는 만왕의 왕이요 만주의 주요 천지와 만물을 창조하신 창조주시오 여러분의 운명을 주관하시는 절대주권자이십니다.

이러므로 여러분은 주님의 응답이 올 때까지 결사적으로 기도해야합니다. 바디매오는 부르짖되 주님의 응답이 있을 때까지 부르짖었습니다. 이 때문에 주님께서 오라고 하셨을 때 바디매오는 얼마나 기뻤겠습니까? 아마 여리고의 햇볕에 그을린 바디매오의 육체와 마음이 마치 소나기를 맞은 듯 시원했을 것입니다. 여러분이 기대를 버리지 않고 부르짖을 때 여러분은 기적의 날을 반드시 맞을 것이요 그때 여러분의 심령은 가뭄 뒤 소나기를 맞는 것처럼 시원하게 될 것입니다.

바디매오는 겉옷을 내어버리고 예수님 앞으로 나아갔습니다

바디매오에게 있어서 겉옷은 전재산이었습니다. 그러나 바디매오는 예수님께서 오라고 하셨을 때 거지의 상징이요 재산의 전부인 옷을 단호히 벗어버리고 예수님께 나아갔던 것입니다.

오늘날 수많은 그리스도인들이 예수님의 초청에 응하고도 과거의 겉옷을 벗어버리지 못하고 계속 겉옷을 걸치고 있습니다. 왜 예수님께 나아가면서도 과거의 부정적인 말과 생각을 벗어버리지 못합니까? 예수님께서는 분명히 "할 수 있거든이 무슨 말이냐 믿는 자에게는 능히 하지 못할 일이 없느니라"(막 9:23)고 말씀하셨습니다.

바디매오는 예수님의 부름을 받고 다시는 거지 생활을 하지 않는다는 확신아래 겉옷을 벗어버렸습니다. 만일 바디매오가 겉옷을 개어서 옆에 끼고 자신이 없는 걸음으로 예수님께 나아갔더라면 결코 기적을 체험할 수 없었을 것입니다.

여러분이 예수님의 응답을 받기 위해서는 여러분의 생각이나 입술에서 과거의 부정적인 겉옷, 저주와 절망의 겉옷을 벗어버려야 합니다.

바디매오는 믿음을 실천했습니다

바디매오는 눈을 감고 예수님께 걸어갔습니다. 이것이 믿음입니다. 눈이 환히 보이는데 나아가면 그것이 무슨 믿음입니까? 내일 어떤 일이 일어날지 모르지만 확신을 갖고 나아가는 태도 이것이 믿음입니다. 바디매오가 예수님께 나아갈 때 아무도 그를 부축해 주지 않았습니다. 앞을 못 보는 바디매오에게 어떤 장애물이 나타날지 모를 일이었습니다. 그러나 바디매오는 두려워하지 않고 믿음의 행진을 했습니다. 당시 사람들이 "바디매오야, 너 그러다가 예수님께 고침을 못 받으면 어떻게 할래?"라고 말했을지도 모릅니다. 그러나 바디매오는 믿음을 갖고 예수님께 나갔던 것입니다.

바디매오는 믿음의 근원적인 네 가지 문제를 극복했습니다. 그는 기대를 버리지 않았으며, 주님의 응답이 있을 때까지 부르짖었고, 응답이 있자마자 과거를 청산했으며, 믿음의 행진을 했습니다.

이런 문제를 극복한 바디매오가 예수님께 나갔을 때 예수님께서 제일 먼저 "네게 무엇을 하여주기를 원하느냐?"고 말씀하셨습니다. "선생님이여 보기를 원하나이다." 바디매오는 그 자리에서 대답했습니다.

"네 믿음이 너를 구원하였느니라." 예수님께서 이렇게 말씀하시자 그 즉시 바디매오는 광명천지를 보았습니다. 그의 인생에 기적이 일어났던 것입니다.

그런데 성경에 보면 "그가 곧 보게 되어 예수를 길에서 따르니라"(막 10:52)는 구절이 뒤에 기록되어 있습니다. 바디매오는 옛길 즉 거지의 길로 가지 않고 예수님을 따른 것입니다. 예수님을 따라가면 불행할리 만무합니다. 예수님께서는 당신을 따르는 사람을 결코 버리시지 않습니다.

우리가 사는 이 세상은 바로 여리고성과 같습니다. 이 세상엔 죄가 있고 저주가 있고 절망이 있습니다. 여리고성 같은 이 세상에 얼마나 많은 거지들이 있는지 모릅니다. 마음의 거지, 애정의 거지, 화평의 거지, 저주의 거지….

이러한 세상에서 가장 필요한 것은 바로 그리스도의 복음입니다. 복음은 종교를 초월합니다. 많은 사람들이 기독교를 윤리와 도덕의 수양 도구로만 생각하는데 이는 큰 잘못입니다. 예수님께서는 죄와 허물로 죽은 우리를 살려주신 분입니다. 예수님께서는 바디매오처럼 저주의 땅에서 죽은 우리를 살려주신 분이십니다. 예수님께서는 바디매오처럼 저주의 땅에서 앞을 못 보는 우리에게 광명을 주셨습니다. 예수님께서는 우리의 운명을 완전히 바꾸셨습니다. 누구든지 예수님을 통해 새로운 피조물이 되면 현세와 내세에서 광명한 빛을 바라보게 되며 새로운 인생을 출발할 수 있습니다.

오늘날 예수님께서는 성령을 통해 주의 이름으로 모인 사람들과 함께 계십니다. 지금 이 자리에도 예수님께서 성령으로 와계십니다. 마치 여리고를 지나가시듯 지금 이 자리를 지나가십니다. 이 때문에 여러분도 이 시간 운명을 변화시킬 수 있습니다. 여러분이 기대를 버리지 않고, 응답을 위해 결사적인 기도를 하고, 부정적인 과거의 겉옷을 벗어버리고, 믿음의 행진을 하면 예수님께서는 여러분의 손을 잡아주실 것이요, 여러분의 운명은 놀랍게 변화될 것입니다.

5 네 믿음이 크도다 소원대로 되리라

-
-
-

    이 세상을 살아가는 사람들에게는 크고 작은 차이가 있겠지만 누구에게나 문제가 있습니다. 문제가 다가오면 사람들은 몸부림치며 괴로워하는데, 문제가 있다는 것이 얼마나 좋은 일인지 모릅니다. 당면한 문제를 해결하고 나면 그만큼 발전이 있기 때문입니다. 그런데 문제가 생겼을 때 문제에 대하여 잘못된 태도를 가지면 문제에 짓눌려 파멸하지만, 문제에 대해 올바른 자세를 취하면 문제가 큰 축복으로 변하게 되는 것입니다.

    수로보니게 여인도 문제를 가지고 있었습니다. 그의 딸이 더러운 귀신에 들려 식구들을 알아보지 못하고 괴성을 지르며 머리가 헝클어져도 빗을 생각도 아니하고 여기저기 찢어진 옷을 입어 찢어진 틈새로 살이 다 보여도 부끄러운 줄 모르고 밥도 제 때에 먹을 줄 몰랐습니다. 수로보니게 여인은 딸의 병을 고치려고 여러 의원에게 보이고 좋다는 약은 다 써보았으나 딸의 병세는 날로

심해져 갔습니다. 이로 인하여 밤잠을 못 자면서 괴로워하던 여인은 예수님께서 두로와 시돈 지방으로 오셨다는 소문을 듣고 문제를 해결받기 위하여 주님께 뛰어나갔습니다. 그리고 부르짖어 기도하여 응답을 받았습니다.

수로보니게 여인은 예수님께서 두로와 시돈 지방으로 오시기까지 기다렸지만 여러분은 예수님이 오시기를 기다리지 않아도 됩니다. 왜냐하면 오늘날에는 예수님이 성령으로 이미 여러분 곁에 와 계시기 때문입니다. 예수님이 십자가에 못박하시기 전까지는 이스라엘 백성들에게만 복음이 전하여졌고 십자가에 못 박히신 이후에라야 비로소 이방인에게도 복음이 전해질 수 있었습니다. 그런데 헬라 사람인 수로보니게 여인이 어떻게 하여 예수님께로부터 은혜를 받을 수 있었을까요? 수로보니게 여인의 마음속에는 예수님께서 기도 응답을 하지 않을래야 않을 수 없는 준비된 네 가지 상항이 있었습니다.

하나님께서 생명을 주시는 좋으신 하나님이심을 믿었습니다

그 여인은 마귀는 도적질하고 죽이고 멸망시키는 나쁜 마귀임을 잘 알았습니다. 그렇게도 온순하고 얌전하던 딸이 귀신에게 잡히자 부모형제도 몰라보고, 음식도 먹지 않고, 잠도 자지 않으며, 머리칼을 쥐어뜯기도 하고, 이상한 소리를 지르며 시시각각으로 죽어가고 있는 것을 보아왔기 때문이었습니다.

마귀는 생명을 빼앗아가는 일을 하지만 하나님께서는 우리에게 생명을 주시고 인격을 회복시켜 주셔서 우리의 삶을 풍부와 부요로 살찌워 주십니다.

그러므로 수로보니게 여인은 나쁜 마귀에게 사로잡힌 딸 때문에 처절한 절망 가운데 있었지만, 예수님의 선하심과 좋으심을 통하여 마귀의 세력을 파괴하고 인생을 재출발하기 위해 하나님에 대한 절대 긍정적인 믿음을 가지고 주님 앞에 나왔습니다.

여러분들도 기도응답을 받으려면 마음의 자세가 긍정적이어야 합니다. 마음의 자세가 부정적이면 기도응답을 받을 수 없습니다. 가나안 땅을 눈앞에 두고 그 땅을 점령하기 전 부정적인 마음의 자세를 가진 사람은 가나안 땅에 들어갈 수 없었으나, 긍정적인 마음의 자세를 가진 사람은 젖과 꿀이 흐르는 가나안 땅을 소유할 수 있었습니다.

이러므로 여러분이 그리스도 앞에 나올 때 가장 먼저 해야 하는 일은 여러분의 마음을 부정적으로 만드는 마귀를 몰아내는 일입니다. 여러분의 마음을 부정적으로 만드는 우두머리 귀신은 미움입니다. 미움은 예수 그리스도의 사랑과 정반대가 되므로 여러분의 마음을 부정적으로 만들어 하나님의 역사와 능력이 나타나지 못하게 합니다. 그러므로 미워하는 마음을 쫓아내어야 합니다. 두려워하는 마음을 쫓아내어야 합니다. 좌절감과 죄책감, 이기주의를 쫓아내어야 하고 거짓말하는 것과 탐심도 쫓아내어야 합니다. 여러분의 마음속에 여러분을 부정적으로 만드는 귀신이 있으면 여러분의 기도가 막히게 됩니다.

오늘 여러분의 마음속에 미워하는 귀신이 있지 않습니까? 불안과 공포의 귀신은 없습니까? 열등의식과 좌절감의 귀신은 없습니까? 죄책감의 귀신은 없습니까? 내 중심의 아집 귀신은 없습니까? 우상숭배의 탐심 귀신은 없습니까? 거짓말하는 귀신은 없습니까? 만일 여러분의 마음속에 여러분의 마음을 부정적으로 만드는 귀신이 있다면 나사렛 예수 이름으로 쫓아냄으로 말미암아 좋으신 하나님을 믿는 긍정적인 마음의 자세를 갖게 되기를 바랍니다.

"우리가 알거니와 하나님을 사랑하는 자 곧 그의 뜻대로 부르심을 입은 자들에게는 모든 것이 합력하여 선을 이루느니라"(롬 8:28)

우리가 당하는 모든 것들, 좋은 것, 나쁜 것, 잘된 것, 못된 것, 성공, 실패가 종국적으로 선하게 되기 때문에 우리의 마음은 부정적일 수가 없습니다. 그러므로 예수님을 믿는 사람들은 모든 일이 잘 되고 좋은 일이 있을 때 감사를 드려야 함은 물론이고 일이 잘 안 되고 궂은 일이 있더라도 감사를 드려야 할 것입니다. 감사는 긍정적인 생활을 하는 사람의 외적 표현입니다.

그러므로 여러분이 하나님은 좋으신 하나님이심을 알고 좋으신 하나님께 감사의 마음을 가지고 그 앞에 나아가는 것이 기도 응답을 받는 첫 요소가 되는 것입니다.

하나님의 뜻을 분명히 알았습니다

그는 자기 딸의 병이 나아 건강한 몸으로 자라는 것이 하나님의 뜻이라는 것을 분명히 알았습니다. 오늘날 여러분도 하나님 앞에 나와 기도할 때 하나님의 뜻을 분명히 알지 못하면 기도에 힘이 없습니다. 왜냐하면 하나님의 뜻을 명확하게 알 때 확신있게 응답해 달라는 기도를 드릴 수 있지만 그렇지 못할 때는 신념이 흔들려 기도를 할 수 없기 때문입니다.

우리가 육신의 병 고침을 받는 것은 죄 사함을 받는 것과 같은 하나님의 뜻입니다. 사람의 육신에 질병이 드는 것은 죄로 인함입니다. 자범죄가 아니더라도 인류의 조상인 아담과 하와의 타락으로 인하여 사망이 다가오게 되었고 사망의 시초인 질병에 걸리게 되었습니다. 그러나 예수 그리스도가 이 땅에 오셔서 인간의 모든 죄를 대신 짊어지고 십자가에 달리셔서 인간에게 구원을 주셨습니다. 구원을 헬라어로 '소오조'라고 하는데 이 말은 영적인 병의 구원뿐 아니라 육신의 병 고침까지도 의미합니다.

그러므로 예수 그리스도의 구원이 있는 곳에는 반드시 육신의 치료도 뒤따르는 것입니다. 이것을 아는 스로보니게 여인은 예수님께 나아가면 죄를 용서해주시고 육신의 병도 고쳐주신다는 확신을 가지고 있었습니다.

어제나 오늘이나 영원토록 동일하신 예수님께서는 주의 이름으로 모인 곳에는 항상 함께 계시겠다고 말씀하셨습니다. 그러므로 이 자리에 참석하신 여러분도 자신의 죄를 회개하고 병 낫는 것이 하나님의 뜻임을 알고 기도할 때 병 고침을 받게 되는 것입니다.

비단 병 낫는 문제뿐 아닙니다. 여러분이 무엇이든지 하나님께 기도로 구할 때는 먼저 하나님의 뜻을 알고 기도해야 합니다. 아버지의 뜻을 알고 거기에 매달려야 응답을 받습니다. 아버지의 뜻도 모른 채 무턱대고 매달린다고 해서 응답을 받는 것은 아닙니다.

그러면 하나님의 뜻을 어떻게 알 수 있을까요? 성경 창세기부터 요한계시록까지는 인간에 대한 하나님의 뜻을 기록한 책입니다. 그러므로 우리는 성경 말씀을 통해서 하나님의 뜻을 알 수 있습니다. 내가 여러분들에게 주일예배, 수요일예배, 구역예배에 참석하여 말씀을 듣고 성경을 읽으라고 말씀드리는 이유가 바로 여기에 있습니다. 우리가 말씀을 듣고 성경말씀을 공부하면 성령의 도움으로 우리를 향하신 하나님의 뜻이 무엇인지를 알게 되는 것입니다.

하나님의 뜻을 알고 난 다음 그 하나님의 말씀을 부여잡고 눈에 아무 증거 보이지 않고, 손에 잡히는 것 없으며, 내 앞길 칠흑같이 어두울지라도 "주여 주님의 말씀은 저 하늘이 무너지고 이 땅이 꺼져도 일점일획도 변하지 않습니다."하고 매달리면 하나님께서 그 말씀대로 이루어 주십니다.

이러므로 사랑하는 성도 여러분, 문제에 부딪히게 되면 먼저 그 문제에 대한 하나님의 뜻이 무엇인지 안 다음 주의 뜻을 붙잡고 기도하십시오. 이것이 바로 응답을 받는 두 번째 요소입니다.

믿음의 도전을 받고 인내했습니다

수로보니게 여인은 좋으신 예수님과 하나님의 뜻을 분명히 알고 예수님께 나아와 자기 딸에게 붙은 귀신을 쫓아내 달라고 했으나 주님은 들은 척도 하지 않았습니다.

여러분도 좋으신 하나님과 하나님의 약속의 말씀을 분명히 알고 목이 터져라 부르짖어도 기도응답이 오지 않을 때가 있었을 것입니다. 주님께서는 반드시 여러분의 믿음을 시험해 보시기 때문입니다. 기도의 응답은 시험을 통과한 후에 이루어지는 것입니다. 주님께서는 우리가 정말 끝까지 예수님을 믿고 의지하느냐 아니냐를 시험해 보시는데 한동안 기도의 응답이 없는 것을 시험으로 삼으십니다.

수로보니게 여인이 주님 앞에 나와 부르짖어도 응답이 없자 자신의 믿음이 약한 것으로 생각하고 예수님의 제자들에게 자기를 대신하여 주님께 기도해 달라고 간청했습니다. 여인의 간청이 얼마나 애절하였던지 제자들이 예수님께 나아와 "주님, 저 여인의 딸을 고쳐 주옵소서. 뒤에서 너무 간절하게 부르짖나이다."라고 말씀드렸습니다. 그렇지만 제자들도 주님에게서 아무런 응답을 받지 못했습니다. 수로보니게 여인에게로 돌아온 제자들은 머리를 좌우로 흔들었습니다. 여러분들도 혼자 기도를 하다가 응답이 없으면 교구장님, 혹은 대교구장님을 찾아가 기도를 받고 그래도 응답이 없으면 그만 포기하는 경우가 있었을 것입니다.

그러나 수로보니게 여인은 포기하지 않고 예수님 앞에 나가 엎드려 "주님, 저를 불쌍히 여기소서. 제 딸이 흉악한 귀신에 들렸나이다."라고 간구했습니다. 그러나 예수님께서는 "나는 자녀에게 줄 떡을 취하여 개에게 주지 않는다."라고 말씀하셨습니다. 예수님께서 결정적으로 기도응답을 주시지 않겠다고 말씀하셨습니다. 그럼에도 불구하고 수로보니게 여인은 낯색 하나 변하지 않고 그 자리에서 "주님께서 내 딸을 고쳐주실 것을 믿습니다."라고 하였습니다.

수로보니게 여인은 좋으신 하나님과 하나님의 뜻을 알았습니다. 그리고 주님께서 반드시 시험해 보신다는 사실을 확실히 알았기 때문에 예수님께로부터 거절을 당했지만 조금도 낙심하거나 물러가지 않았습니다. 믿음에는 이와 같은 인내와 담대함이 있어야 하는 것입니다.

여러분들이 좋으신 하나님과 하나님의 뜻을 분명히 알고 부르짖어 기도를 하는데도 시련과 역경이 다가오면 물러가지 말고 철야하고 금식하며 불퇴진의 기도를 하십시오, 그러한 기도는 하늘의 보좌를 움직이는 힘이 있는 것입니다. 문제가 크면 그에 비례하여 큰 축복이 오고 문제가 작으면 작은 축복이 다가오게 됩니다.

"너희가 여러 가지 시험을 당하거든 온전히 기쁘게 여기라 이는 너희 믿음의 시련이 인내를 만들어 내는 줄 너희가 앎이라 인내를 온전히 이루라 이는 너희로 온전하고 구비하여 조금도 부족함이 없게 하려 함이라"(약 1:2-4)

사랑하는 성도 여러분, 이 말씀을 꼭 기억하여 끝까지 인내함으로써 여러분의 믿음이 온전하여져 부족함이 없도록 축복이 내려지게 되시기를 주님의 이름으로 축원합니다.

철저히 하나님 중심의 사람이었습니다

하나님께서는 자기중심주의를 좋아하지 않습니다. 아담과 하와가 하나님보다도 자기 중심이 되었기 때문에 타락하였고, 노아의 후손들이 하나님 중심이 아닌 자기중심으로 바벨탑을 쌓았기 때문에 중도에서 흐지부지되고 말았습니다. 아집은 바로 사탄이며 아집 중심으로 나갈 때 하나님께서는 응답하시지 않습니다.

수로보니게 여인은 예수님께로부터 개라는 말을 들었습니다. 이런 모욕을 받고 그 자리에 그대로 머물러 있을 사람은 별로 없을 것입니다. 그러나 깨어진 이 여인을 보십시오. 여인은 "주여 옳소이다마는 상아래 개들도 아이들이 먹던 부스러기를 먹나이다."라고 대답하였습니다. 그 여인은 주님에게 개라는 말씀을 들었어도 좋지 않게 생각하거나 부정적이 되지 않았습니다. 그는 자기 중심이 아닌 하나님 중심의 사람이 되었기 때문입니다. 주님께서는 이같이 깨어진 사람을 원하십니다. 아브라함이 완전히 깨어지는 데는 25년이 걸렸고, 요셉은 13년, 모세는 40년이 걸렸습니다. 이렇게 자아가 완전히 깨어졌을 때 주님께서는 크신 축복을 주셨습니다.

수로보니게 여인이 완전히 깨어진 것을 보신 주님께서는 감격하여 "오 여자여, 네 믿음이 크도다. 네 믿음대로 될지어다."라고 말씀하셨습니다. 그 말씀을 듣고 여인이 집으로 돌아와 보니 딸에게서 더러운 귀신이 쫓겨나가고 딸은 온전한 정신으로 돌아와 있었습니다.

우리 하나님은 좋으신 하나님이십니다. 우리 하나님은 모든 이에게 축복을 주시기를 원하시는 분이십니다. 또한 생명을 주시되 풍성히 주시기를 원하십니다. 오직 마귀만이 여러분을 도적질하고 죽이고 멸망시키려고 합니다. 그러나 우리에게는 예수 그리스도 안에서 마귀를 이길 수 있는 권세가 주어져있습니다. 인간의 힘으로 해결할 수 없는 문제에 부딪혔을 때 여러분은 수로보니게 여인과 같은 마음의 자세를 가짐으로써 기도의 응답을 받아 신령한 신앙생활을 하는 하나님의 귀한 자녀들이 다 되시기를 주님의 이름으로 축원합니다.

6 다만 말씀으로만 하옵소서

예수님께서 가버나움에 들어가셨을 때 로마의 백부장이 예수님 앞에 나아와 "주여, 내 하인이 중풍병으로 집에 누워 몹시 괴로워하나이다."라고 말하자 예수님께서 "내가 가서 고쳐 주리라."고 대답하셨습니다. 그러자 백부장은 "주여, 내 집에 들어오심을 감당치 못하겠사오니 다만 말씀으로만 하옵소서. 그러면 내 하인이 낫겠삽나이다. 나도 남의 수하에 있는 사람이요 내 아래도 군사가 있으니 이더러 가라하면 가고 저더러 오라하면 오고 내 종더러 이것을 하라하면 하나이다."라고 했습니다. 예수님께서는 이 말을 들으시고 감탄하셨습니다. 그래서 예수님을 좇는 무리들을 향하여 "이스라엘 중 아무에게서도 이만한 믿음을 만나보지 못하였노라."고 말씀하신 후 말씀으로 백부장의 하인을 고쳐주셨습니다.

여기에서 예수님께서는 인간의 믿음이란 그 배후에 권세가 있어야 활용할 수 있다는 것을 보여주셨습니다. 이러므로 권세에 대해 분명히 알고 있지 못하면 믿음을 활용할 수 없습니다. 백부장은 예수님께서는 곧 하나님이시요, 하나님의 아들이시므로 우주를 다스리시고 변화시키시는 절대 권세를 갖고 계시다는 것을 잘 알고 있었기 때문에 기적을 체험할 수 있었던 것입니다.

이러므로 우리들도 권세에 대한 것을 잘 이해해서 위대한 신앙의 길을 걸어가야 하겠습니다.

권세의 근원은 우주의 절대주권자이신 하나님께 있습니다

하나님께서는 말씀으로 천지와 만물을 지으셨습니다. 지금도 하나님의 손 안에 온 세계와 만유가 존재합니다. 과거도 현재도 미래도 하나님의 권세를 벗어날 수 없습니다. 이러므로 모든 권세의 근원은 절대적으로 하나님께 있는 것입니다.

그런데 이러한 하나님의 권세에 도전한 자가 있습니다. 그것은 원수마귀입니다. 원수마귀는 하나님과 동등하게 되려다가 하나님께 버림을 받고 말았습니다.

하나님의 형상과 모양대로 지음을 받은 아담과 하와도 마귀의 꾀임에 빠져 하나님과 동등하게 되려다가 버림을 받고 말았습니다. 그 때문에 오늘날 아담과 하와의 후손인 인간들이 하나님의 권세에서 벗어나 인본주의적으로 살려고 하는 것입니다. 그러나 마귀도 사람도 하나님의 권세에서 결코 벗어날 수는 없습니다. 하나님께서는 마귀나 인간이 자행자지하도록 일정한 기간 동안만 허락해 주셨을 따름입니다. 그러나 그 기간이 끝나면 하나님께서는 당신의 권세로 세상을 심판하시고, 마귀와 마귀를 따르는 인간들을 모두 불과 유황으로 타는 못에 영원히 던져버리실 것입니다.

세상의 권세도 하나님께로부터 비롯됩니다.

"각 사람은 위에 있는 권세들에게 굴복하라 권세는 하나님께로 나지 않음이 없나니 모든 권세는 다 하나님께서 정하신 바라 그러므로 권세를 거스리는 자는 하나님의 명을 거스림이니 거스리는 자들은 심판을 자취하리라" (롬 13:1-2)

성경은 올바른 권세이든 옳지 못한 권세든 하나님의 허락 없이는 존재할 수 없다는 사실을 보여주고 있는 것입니다.

이러므로 우리가 하나님을 의지하면 늘 마음의 평안을 얻을 수 있습니다. 왜냐하면 우리들을 위하는 선한 권세뿐 아니라 우리를 도적질하고 죽이고 멸망시키는 악한 권세라도 하나님의 허락이 있어야 된다는 것을 알기 때문이요, 우리가 하나님을 의지하면 악의 권세가 우리를 멸하지 못하리라는 것도 잘 알기 때문입니다.

"이는 순찰자들의 명령대로요 거룩한 자들의 말대로니 곧 인생으로 지극히 높으신 이가 사람의 나라를 다스리시며 자기의 뜻대로 그것을 누구에게든지 주시며 또 지극히 천한 자로 그 위에 세우시는 줄을 사람들이 알게 하려 함이니라"(단 4:17)

우리는 이 말씀에서 인간 나라는 궁극적으로 하나님께서 다스리신다는 사실을 분명히 알 수 있습니다. 역사의 시작과 끝, 이 세상 모든 권세의 보좌, 지극히 천한 자를 권세있는 자리에 앉게 하심도 하나님 손에 있다는 것을 성경은 밝히 알려주고 있는 것입니다. 하나님의 손을 벗어난 권세는 없습니다. 선한 권세도 악한 권세도 다 하나님의 손 안에 있습니다. 악한 권세자는 자기가 하나님의 손길을 벗어난 줄 알고 교만해하지만, 결코 하나님의 손길을 벗어난 것이 아닙니다. 단지 하나님께서 일정한 기간 동안만을 허락해 주셨을 따름입니다.

크리스천의 권세

주님을 믿는 사람들에게는 어떠한 권세가 있을까요? 성경에는

"영접하는 자 곧 그 이름을 믿는 자들에게는 하나님의 자녀가 되는 권세를 주셨으니"(요 1:12)라고 기록되어 있습니다. 우리 자녀들이 우리 가정에 있는 것을 누릴 수 있는 권세가 있는 것처럼 예수님을 믿으므로 하나님의 자녀로 태어난 사람들에게는 하나님께서 예비하신 모든 축복을 누릴 수 있는 권세가 주어집니다. 이러므로 그리스도인들은 하나님의 품 안에서 권세있는 위치를 얻고 태어났다는 사실을 분명히 알아야합니다.

그리스도인들은 하나님의 생명을 가지고 있습니다.

우리 그리스도인들은 자신의 지위가 얼마나 높은가를 알아야 합니다. 그리스도인들의 지위는 마귀보다 높으며 천군천사보다 높습니다. 성경은 "긍휼에 풍성하신 하나님이 우리를 사랑하신 그 큰 사랑을 인하여 허물로 죽은 우리를 그리스도와 함께 살리셨고(너희가 은혜로 구원을 받은 것이라) 또 함께 일으키사 그리스도 예수 안에서 함께 하늘에 앉히시니"(엡 2:4-6)라고 말씀하셨습니다. 그러므로 하나님의 자녀 된 여러분은 하나님의 생명이요, 성품인 영생을 영혼 속에 갖고 있다는 사실을 꼭 기억하시기 바랍니다.

그런데 한 가지 분명히 깨달아야 할 사실이 있습니다. 그것은 그리스도인들에게 주어진 권세는 자생적인 권세가 아니라 관리자로서의 권세라는 사실입니다. 백부장의 태도를 생각해 보십시오.

"나도 남의 수하에 있는 사람이요 내 아래도 군사가 있으니 이더러 가라 하면 가고 저더러 오라 하면 오고 내 종더러 이것을 하라 하면 하나이다"(마 8:9)

그리스도인들은 권세의 주인이 아니요 관리자입니다. 그 때문에 그리스도인들은 권세의 절대주권자이신 하나님께 마음과 뜻과 정성과 성품을 다하여 순종해야 합니다. 그러나 하나님의 뜻을 반역하고 자행자지하면서 하나님께서 주신 권세를 사용하려고 하는 것은 결코 있을 수 없는 일입니다.

스게와 제사장의 일곱 아들은 사도 바울의 권세있는 이적을 흉내내어 귀신들린 사람을 향해 "사도 바울이 증거하는 나사렛 예수 이름으로 명하노니 이 귀신아 나가라."고 외쳤습니다. 그러니까 귀신이 "예수도 내가 알고 바울도 내가 알거니와 너희는 누구냐?"라고 하면서 이들 중 둘에게 덤벼들어 옷을 찢으며 몸에 상처를 입혔습니다. 그러자 이들은 혼비백산하여 도망가고 말았습니다.

이러므로 하나님의 권세를 인간이 스스로 사용할 수 없습니다. 하나님의 권세를 사용하려면 하나님의 권세에 순종해야 합니다. 불순종을 회개하지도 않고 영과 마음과 몸을 주님께 내놓지 않으면 결코 하나님의 권세를 사용할 수 없는 것입니다.

그러면 창세기부터 요한 계시록까지에 나타난 하나님의 권세를 어떻게 사용해야 할까요? 권세는 위엄 있게 명하고 실천해야 합니다. 예수님께서 권세를 사용하신 모습을 보십시오. 갈릴리 바다에 풍랑이 일어 제자들이 크게 당황했을 때 예수님께서는 권세 있게 명령하셨습니다. "잠잠하라 고요하라"(막 4:39) 그러자 예수님의 이 권세 있는 명령 한 마디에 바람과 파도가 잠잠해졌던 것입니다. 이 얼마나 위대한 명령입니까? 또한 죽은 나사로를 살리실 때도, 썩은 냄새가 나는 나사로의 무덤 앞에서 권세 있는 명령을 하셨습니다. "나사로야 나오라"(요 11:43)이 권세 있는 명령 한 마디에 죽은 지 나흘이 된 나사로가 수의로 동인 채 무덤에서 걸어 나왔던 것입니다.

이러므로 하나님께 순복한 그리스도인들도 권세 있는 명령을 할 줄 알아야 합니다. 오랫동안 많은 그리스도인들이 항상 빌고 우는 나약한 신앙의 태도를 취하므로 하나님의 기적을 체험하지 못했습니다. 권세 있는 사람은 빌고 울지 않습니다. 당당하게 명령합니다.

우리는 예수 그리스도 안에서 당당하게 권세를 사용해야합니다. 원수마귀를 향해서 "나사렛 예수 이름으로 명하노니 병마는 물러가라!"고 명령해야 할 것입니다.

우리는 권세를 사용할 특권이 있습니다. 이 권세를 잘 사용하는 사람은 영혼이 잘 됨같이 범사에 잘 되며 강건하고 생명을 얻되 넘치게 얻으며 승리하는 풍요로운 삶을 살 수 있는 것입니다.

여러분은 위대한 권세가 주어졌다는 사실을 알고, 이를 잘 사용함으로 승리하는 성도의 삶을 살아가시기를 축원합니다.

크리스찬이 행사할 수 있는 권세

우리는 하나님처럼 절대주권적인 권세를 행사할 수는 없습니다. 우리는 하나님께서 주신 범위 안에서 우리의 권세를 사용할 따름입니다. 그러면 하나님께서는 우리에게 어떠한 권세를 주셨을까요? 하나님께서는 예수 그리스도를 십자가에 못 박아 몸 찢고 피 흘리게 하심으로 우리를 모든 절망에서 구출해 주셨습니다. 이러므로 우리는 십자가 대속의 은총 안에서 우리의 권세를 활용할 수 있는 것입니다. 어린이가 자기 부모와 같이 백화점에 가면 부모가 지불한 돈의 액수대로 당당히 물건을 소유할 수 있습니다. 마찬가지로 우리도 예수님께서 십자가에서 대속해 주신 그 한도 내에서 당당하게 권세를 사용할 수 있는 것입니다.

예수님께서는 십자가의 대속을 통해 우리에게 죄를 다스리고 귀신을 쫓아내며 병을 고칠 수 있는 권세를 주셨으며 저주를 물리치고 영원한 천국에 들어갈 영광스런 권세까지도 허락해 주셨습니다. 또한 하나님의 약속의 말씀을 보혈로 사신 예수님께서는 그 말씀을 우리에게 거저 주셨습니다.

그러므로 여러분은 자신이 과연 어떠한 사람이며, 여러분이 가진 권세가 어떤 것인가를 분명히 알고 있어야만 합니다. 그렇지 않으면 우리의 믿음이 역사할 수 없습니다. 백부장이 예수님의 권세를 인정하고 믿었기 때문에 예수님께서 감탄하시고 기적을 베풀어 주셨습니다. 여러분은 믿음이란 권세를 통해서 나타난다는 사실을 결코 잊어서는 안될 것입니다.

크리스찬의 권세는 하나님의 권세에 순종하는 생활을 할 때 주어집니다. 또한 크리스찬은 하나님께서 한정지어 주신 범위 내에서 권세를 사용할 수 있는 것입니다. 우리가 만일 하나님께 불순종하고 반항하고 하나님을 떠난다면 우리는 권세를 사용할 수 없습니다. 또한 하나님 앞에서 차지도 덥지도 아니하는 신앙을 갖고 있으면 하나님께서 우리에게 주신 권세를 충분히 활용할 수도 없습니다.

우리는 마음을 다하고 뜻을 다하고 정성을 다하고 성품을 다하여 주님 중심에 서서 강하고 담대하게 권세를 사용할 수 있어야 합니다. 우리가 이 권세를 알고 권세 있는 생활을 할 때 비로소 우리의 영혼이 잘될 수 있습니다. 범사에 저주를 제해버릴 수 있습니다. 마귀의 권세를 내어 쫓아버리고 질병도 내어 쫓아버림으로 강건함을 얻을 수 있습니다. 그리고 우리가 일어서고 앉는 곳마다 생명을 얻되 넘치게 얻을 수 있고, 우리가 가는 곳마다 하나님의 빛과 영광과 생명으로 충만하게 채워질 수 있는 것입니다.

여러분은 예수님 안에서 권세를 얻은 성도들입니다. 이를 확실히 깨달아 앞으로 권세 있는 신앙생활을 하고 권세 있는 기도를 하고 권세 있는 말을 하고 권세 있는 삶을 살아가는 강건한 하나님의 자녀가 되시기를 주님의 이름으로 축원합니다.

7 네가 낫고자 하느냐

-
-
-

아담의 타락은 인간에게 영혼의 죽음과 육체의 죽음 그리고 환경적인 저주를 가져왔습니다. 그러므로 인류가 필요로 하는 메시아는 죄와 질병 그리고 저주를 해방시켜 줄 수 있는 분이어야 합니다.

예수님께서는 바로 이런 일을 하셨습니다. 예수님께서는 다니시는 곳마다 죄를 용서하셨으며, 마귀에게 눌린 자를 놓아주시고, 병자의 병을 고쳐주셨으며, 환경의 저주를 제하여 주셨습니다.

하나님께서는 예수님께서 위대한 치료자로 나타나실 것에 대해 미리 자연환경을 통해 우리에게 예시해주셨습니다. 그것은 바로 양문 가에 있는 베데스다의 연못이었습니다.

치료하는 연못

그 당시 회당도 있고 주의 일꾼들도 있는데 하나님께서는 무엇 때문에 자연의 연못을 사용하셔서 그리스도께서 하실 역사를 예시하셨을까요? 그 당시 유대교는 타락하여 형식과 의식만 남아 있었고 율법은 백성들을 무섭게 짓눌렀습니다. 사람들은 영적으로 죄를 짓고, 몸이 병들고 생활이 짓밟힌 상황 속에 있었습니다. 그 때문에 사람들에게 필요한 것은 하나님의 치료의 역사였습니다. 그러나 유대교는 사람들에게 치료를 베풀어 주지 못하고 형식과 의식과 율법으로 사람들 위에 군림할 뿐이었습니다.

하나님께서는 이러한 종교의 지도자들을 외면하셨던 것입니다. 그래서 하나님께서는 양문 가에 있는 베데스다 연못을 통해 치료하시는 예수 그리스도의 모습을 사람들에게 보이셨습니다.

베데스다의 연못은 사람들이 제단에 바칠 양을 씻는 연못이었습니다. 그 연못에 천사가 가끔 내려와 물을 동하게 했는데 그때 먼저 그 연못에 들어간 사람은 어떤 병에 걸렸든지 깨끗이 고침을 받았습니다. 그러자 이 소문은 온 유대 땅에 퍼졌고 수많은 병자들이 그 연못으로 모여들었습니다.

이를 통해서 우리는 인간에 대한 하나님의 태도가 치료에 있다는 것을 알 수 있습니다. 하나님께서는 영이 병들고 마음이 병들고 육신이 병들고 생활이 병든 사람들을 고치시기를 원하신다는 것을 보여주신 것입니다.

하나님께서 양문 가 베데스다 연못에서 치료의 역사를 베푸신 데는 중요한 의미가 있습니다. 사람들은 양을 산 다음, 배설물 등 여러 가지 더러운 것들이 묻어있는 양을 이 연못에서 깨끗이 씻어 양문을 통해 성전으로 들어가 하나님께 경건하게 제물로 바쳤습니다.

그 때문에 연못의 다섯 행각에 있던 병자들은, 제물로 바쳐질 양이 깨끗하게 되는 것을 보면서 하나님 앞에서는 마음을 정결하게 해야 한다는 것을 깊이 깨닫게 되었던 것입니다.

또한 사람들은 물의 동함을 기다렸습니다. 그들은 자신의 병을 치료받고 싶다고 하여 무조건 연못에 뛰어들 수 없었습니다. 반드시 물이 동할 때 먼저 뛰어든 사람만이 치료함을 받을 수 있었습니다. 그 때문에 수많은 병자들은 천사가 내려와 물을 동하게 해 주기를 기다리고 또 기다렸습니다. 병자들은 하나님의 절대주권을 인정하면서 하나님의 때를 기다렸던 것입니다. 그들이 하나님의 때를 어기고 물속에 뛰어들어 봐야 아무 소용이 없다는 것을 그들은 알았기 때문입니다.

이를 통해 우리는 하나님의 은혜를 받기위해 어린양이신 예수 그리스도의 보혈로 죄 씻음을 받아야한다는 것과 하나님의 절대주권을 인정하며 하나님의 때를 기다려야한다는 교훈을 얻을 수 있습니다. 우리가 이러한 태도를 가질 때 우리는 하나님의 위대한 기적을 체험할 수 있습니다.

치료의 본체는 예수 그리스도

여기에서 또 한 가지 기억해야 할 것은, 예수님께서 그 자리에 나타나셨다는 것입니다. 연못에서 하나님의 치료가 나타난 것은 하나의 그림자에 지나지 않습니다. 그 치료의 본체는 예수 그리스도이십니다. 예수님께서는 치료하시는 하나님으로서 베데스다 연못에 나타나셨습니다.

그런데 그곳엔 38년 된 병자가 있었습니다. 그는 베데스다 연못가에서 병이 낫기만을 기다렸습니다. 그러나 그는 너무 몸이 약했기에 물이 동했을 때 다른 사람보다 먼저 물에 뛰어들지 못했습니다. 그는 치료를 받을 수 있는 희망은 가지고 있었으나 치료를 받을 도리가 없었습니다.

그런 상황에서 이 사람은 예수 그리스도를 만나게 되었습니다. 이미 이 사람의 병이 오래 된 것을 아신 예수님께서 "네가 낫고자 하느냐"(요 5:6)고 물으시자 그는 "주여 물이 동할 때에 나를 못에 넣어줄 사람이 없어 내가 가는 동안에 다른 사람이 먼저 내려가나이다."라고 대답했습니다. 그는 자신과 이야기를 하고 계시는 분이 하나님의 아들이시요 메시아이심을 몰랐습니다.

예수님께서 그를 보고 "일어나 네 자리를 들고 걸어가라"(요 5:8)고 말씀하시자 갑자기 그의 마음이 베데스다 연못물이 동하는 것처럼 동하기 시작했습니다. 그의 마음속에 평안과 기쁨이 넘쳐 났습니다. 눈에는 아무 증거 안보이고 귀에는 아무 소리 안 들리고 손에는 잡히는 것 없어도 그는 위대한 믿음을 얻고 즉시로 일어나 자리를 들고 걸었습니다. 그는 예수님을 통해 38년이나 된 질병을 깨끗하게 고침 받을 수 있었던 것입니다.

예수님께서는 메시아로서, 치료자로서 이 땅에 오셨습니다. 예수님께서는 어떤 철학이나 의식을 가지고 이 땅에 오신 것이 아닙니다. 또한 예수님께서는 유대의 종교가들처럼 사람들에게 무거운 짐을 주시지도 않았습니다. 예수님께서는 오로지 생명을 주셨습니다. 예수님께서는 "도둑이 오는 것은 도둑질하고 죽이고 멸망시키려는 것뿐이요 내가 온 것은 양으로 생명을 얻게 하고 더 풍성히 얻게 하려는 것이라"(요 10:10)고 말씀하셨습니다.

예수님께서는 진실로 인류에게 합당한 메시아이셨습니다. 40일을 금식하신 예수님께서 나사렛에 복음을 선포하신 후 가버나움에 이르러 사람들이 놀랄 정도로 권세있는 말씀을 증거하셨습니다. 그때 회당에서 더러운 귀신 들린 사람이 "아 나사렛 예수여 우리가 당신과 무슨 상관이 있나이까 우리를 멸하러 왔나이까 나는 당신이 누구인 줄 아노니 하나님의 거룩한 자니이다"(눅 4:34)라고 말했습니다. 그러자 예수님께서 즉시로 "잠잠하고 그 사람에게서 나오라"(눅 4:35)고 말씀하심으로 그 귀신이 나가고 그 사람은 자유를 얻게 되었습니다.

그전까지 그 회당에는 율법이 있었고 의식이 있었을 뿐 인간을 마귀의 속박에서 해방시켜 주는 기적은 없었습니다. 예수님께서는 그러한 곳에서 하나님께서 인간을 치료하시기 원한다는 것을 보여주신 것입니다.

그 다음, 예수님께서는 베드로의 장모의 집에 들어가셔서 열병으로 누워있는 베드로의 장모를 그 자리에서 고쳐주셨습니다. 그뿐 아니라 예수님께서는 문둥병자를 고쳐주셨으며 중풍병자를 고쳐주셨습니다. 심지어 예수님께서는 죽은 자를 살려주시기까지 하셨습니다. 예수님께서는 당신 사역의 삼분의 이를 병 고치시는데 보내셨습니다. 예수님께서는 인간을 죽이러 오신 것이 아니라 인간을 살리러 오신 것입니다.

예수님께서는 당신께서만 그렇게 하신 것이 아니라 열 두 제자들에게도, 70인의 제자들에게도 복음을 증거한 후 병든 자를 고치라고 명령하셨습니다. 그리고 부활하신 후 승천하실 때에도 그리스도인들에게 분명히 명령하셨습니다.

"너희는 온 천하에 다니며 만민에게 복음을 전파하라 믿고 침례를 받는 사람은 구원을 얻을 것이요 믿지 않는 사람은 정죄를 받으리라 믿는 자들에게는 이런 표적이 따르리니 곧 저희가 내 이름으로 귀신을 쫓아내며 새 방언을 말하며 뱀을 집어올리며 무슨 독을 마실지라도 해를 받지 아니하며 병든 사람에게 손을 얹은즉 나으리라"(막 16:15-16)

오늘날도 예수님의 치료의 역사는 계속되고 있습니다. 성령께서 역사하시는 곳에 베데스다 연못이 있습니다. 우리는 예수님께서 우리를 치료해 주시기를 원하신다는 사실을 분명히 알고 겸손히 십자가 앞에 나아가야 하겠습니다. 어제나 오늘이나 영원토록 동일하신 예수님께서는 주의 이름으로 모인 사람들 중에 함께 계셔서 베데스다 연못가에서 38년 된 병자를 치료하신 것과 같이 지금도 주의 이름으로 모인 사람들을 치료하십니다.

우리의 베데스다 연못

그 연못은 다름 아닌 바로 우리의 마음입니다. 이러므로 우리는 무엇보다 우리의 마음을 정결케 해야 합니다. 주님 앞에서 깨어지지 않은 사람은 치료하기 위해 오신 예수 그리스도를 만날 수 없습니다. 우리의 마음이 준비되면 예수 그리스도께서 우리에게 말씀을 주심으로 우리 마음이 베데스다 연못이 동할 때처럼 끓어오르게 해 주십니다. 그 옛날 베데스다 연못물은 하나님의 천사가 동하게 했지만 오늘날은 하나님의 말씀이 우리 마음의 베데스다 연못을 동하게 해 주시는 것입니다.

하나님의 말씀이 우리 마음에서 끓어오르면 하나님의 위대한 기적의 역사가 우리 가운데 넘쳐나는 것입니다.

하나님의 말씀에는 두 가지가 있습니다. '로고스'와 '레마'가 있는데, 로고스란 말은 창세기부터 요한 계시록까지 하나님의 진리를 의미합니다. 우리는 창세기부터 요한 계시록까지 나타난 하나님의 말씀을 읽고 듣고 묵상함으로 하나님에 대한 지식을 얻고 은혜를 받습니다. 그러므로 로고스는 모든 사람에게 주시는 하나님의 말씀입니다.

레마는 하나님께서 바로 내게 주시는 말씀입니다. 레마는 우리의 영혼을 들끓게 합니다. 우리 마음에 임하는 하나님의 말씀이 레마인 것입니다. 믿음은 들음에서 나며 들음은 그리스도의 말씀으로 말미암는다는 구절의 '말씀'은 레마입니다. 레마는 바로 예수님께서 '나에게 주시는 말씀'입니다.

"네가 낫고자 하느냐", "일어나 네 자리를 들고 걸어가라"는 예수님의 말씀은 38년 된 병자에게 있어서 레마였습니다. 캄캄한 바다에서 베드로를 향해 '걸어라'라고 하신 예수님의 말씀은 베드로에게 주어진 특별한 레마입니다. 레마는 바로 나에게 해당된 말씀입니다. 오늘날도 예수님께서는 성령을 통하여 로고스의 말씀을 개인에게 해당된 말씀, 즉 레마로 우리에게 주십니다. 우리가 성령의 능력을 통해 레마를 예수님께 받으면 우리의 마음은 감동과 기쁨으로 넘치게 되고 인간으로서는 상상할 수 없는 믿음이 우리에게 주어지게 되는 것입니다.

레마를 받으려면

예수님의 보혈로 정결함을 얻어 하나님께 헌신해야 합니다.

하나님께 드려진 양이 베데스다 연못물에서 깨끗이 씻겨지는 것처럼 우리가 예수님의 보혈로 모든 죄를 깨끗하게 씻음받지 않으면 하나님께 헌신할 수 없고 또 하나님께 레마를 받을 수도 없는 것입니다.

하나님의 말씀을 간절히 사모하고 기다려야 합니다.

성경을 읽고 묵상하지 않는 사람, 교회에 참석해 말씀 선포에 귀를 기울이지 않는 사람, 기도를 통해 말씀을 기다리지 않는 사람은 결코 레마를 얻을 수 없습니다. 하나님의 말씀을 간절하게 사모하는 사람, 철야기도 금식기도하며 하나님의 말씀을 기다리는 사람, 늘 성경을 읽고 묵상하는 사람, 교회에 열심히 참석해 주의 종의 말씀 증거에 귀를 기울이는 사람이 예수 그리스도께 레마를 받을 수 있는 것입니다.

이렇게 마음의 준비를 하고 있는 사람에게는 어느 날 갑자기

주의 말씀이 임합니다. 우리가 주의 말씀을 받으면 우리의 마음에 확신과 평안과 감동이 파도치기 시작합니다. 그럴 때 우리의 눈에는 아무 증거 안보이고 귀에는 아무 소리 안들리고 손에는 잡히는 것 없어도 "할 수 있거든이 무슨 말이냐 믿는 자에게는 능히 하지 못할 일이 없느니라"(막 9:23)는 말씀에 의지해서 힘차게 나아갈 수 있게되는 것입니다.

마음의 준비 없이는 주의 레마를 받을 수 없습니다. 주의 레마가 우리에게 임할 때는 마치 베데스다 연못이 끓는 것처럼 우리 마음이 끓게 됩니다. 베데스다 연못이 끓을 때 먼저 뛰어든 사람이 치료함을 얻은 것처럼 주의 말씀이 우리에게 레마로 임해 우리 마음이 끓을 때, 확신과 평안과 감동이 물결치기 시작할 때, 우리가 믿음으로 나아가면 우리의 환경 가운데 기적의 역사가 일어나는 것입니다.

마음에 아무런 준비도 없이 무조건 '믿습니다.' 하며 나아가는 사람은 낭패를 당할 수밖에 없습니다. 이런 사람은 베데스다 연못물이 끓지도 않는데 뛰어드는 사람과 마찬가지입니다.

그러나 레마가 우리에게 주어질 때는 이성으로서는 상상할 수 없는 믿음이 생겨나 환경을 두려워하지 않고 믿음의 전진을 함으로 하나님의 크신 역사를 체험할 수 있는 것입니다.

여러분, 이 말씀을 통하여 여러분의 마음이 하나님의 말씀으로 동할 베데스다의 연못이라는 사실을 알게 되시기를 주님의 이름으로 축원합니다. 여러분의 마음은 하나님의 기적의 터전입니다. 예수님께서는 2천 년 전의 예수님이 아니십니다. 예수님께서는 지금도 살아계셔서 우리와 함께하십니다. 베데스다 연못가에서 38년 된 병자를 찾으시고 치료해 주신 예수님께서는 오늘날도 치료의 역사를 베풀고 계십니다. 예수님께서는 좋으신 하나님이십니다. 예수님께서는 우리의 영혼이 잘 됨같이 범사가 잘되며 강건하기를 원하십니다.

여러분을 찾아오신 예수님을 통해 위대한 하나님의 기적을 체험하는 여러분이 되시기를 바랍니다.

성경은 "믿음은 들음에서 나며 들음은 그리스도의 말씀으로 말미암았느니라"(롬 10:17)고 기록되어 있습니다. 우리가 내게 주시는 말씀, 레마를 주님께 받을 때 마음의 베데스다 연못이 끓어올라 위대한 믿음이 우리에게 주어지고 그 결과 우리는 위대한 기적을 체험할 수 있는 것입니다. 예수님께서는 바로 우리 곁에 계십니다.

이러므로 여러분은 마음의 준비를 하십시오. 하나님을 거역한 모든 죄를 다 회개하십시오, 불순종의 죄와 탐욕의 죄를 회개하십시오. 그리고 난 다음 주님 앞에 간절하고 뜨거운 마음으로 기다리십시오. 금식하며 철야하며 하나님을 찾으십시오. 하나님을 기쁘시게 해드리십시오.

"또 야훼를 기뻐하라 저가 네 마음의 소원을 이루어 주시리로다"

(시 37:4)

　여러분이 마음의 준비를 하고 하나님을 사모할 때 하나님께서 여러분에게 레마를 들려주실 것입니다. 여러분은 이와 같은 축복을 받으시기를 주님의 이름으로 축원합니다.

8 네 믿음이 너를 고쳤다

예수님을 따르는 수많은 무리들 가운데 12년 동안이나 혈루증을 앓던 한 여인이 있었습니다. 12년 동안 계속 피를 흘렸던 여인의 얼굴은 말이 아니었습니다. 얼굴에 핏기가 없고 피골이 상접한 그 여인은 누가 조금만 건드려도 곧 쓰러질 것 같이 애처로운 모습이었습니다.

병을 고치기 위해 여기저기 의원을 찾아다니고 약을 먹어도 병은 더욱 심해질 뿐 아무런 차도도 없었습니다. 이젠 그나마 있던 재산도 다 날려 버리고 어찌 할 바를 모르고 절망 가운데서 죽을 날만을 기다리며 살아가고 있었습니다. 그러던 어느 날 이 여인은 자신의 운명을 변화시키게 될 놀라운 이야기를 듣게 되었습니다. 여러 지방을 다니시며 병든 자를 고치시고 소경된 자를 보게 하시며 앉은뱅이를 일으키신 예수님께서 자기가 사는 지방에 오신다는 소문을 듣자 그녀는 귀가 번쩍 띄었습니다. 자기도 예수님께로 나아가기만하면 12년이나 앓았던 혈루증이 나을 것이라는 확신이 들었습니다. 그래서 그녀는 어떻게 해서든지 예수님을 만나야겠다고 다짐을 하고 예수님이 오시기만을 기다렸습니다.

예수님이 재를 타고 오시는 중이라는 말을 듣자 여인은 마음에 뜨거운 소망과 확신을 가지고 예수님을 만나기 위해 나갔습니다. 이미 많은 사람들이 예수님의 주위에 몰려 있었습니다. 무리에게 쌓여있는 예수님을 보자 그 여인은 마음에 불같은 믿음이 타올랐습니다. 여인의 마음에는 예수님의 옷자락만 만져도 자기의 병이 고침을 받으리라는 확신이 들었습니다. 그래서 예수님께로 나아가려고 했으나 사람들에게 밀려 예수님께로 나아갈 수가 없었습니다. 그 여인은 사력을 다해 사람들을 뚫고 겨우 예수님의 뒤쪽으로 나아갔습니다.

여인은 있는 힘을 다해 손을 뻗어 예수님의 옷자락을 만졌습니다. 예수님의 옷자락을 만지는 순간 즉시로 피가 멎었고 여인은 자기의 병이 나았다는 확신을 얻었습니다.

그런데 바로 그때 예수님께서 주위를 돌아보시며 "누가 내 옷자락에 손을 대었느냐."고 하셨습니다. 제자들은 예수님을 바라보며 "주님이시여 수많은 사람들이 구름같이 모여서 밀치고 떠밀고 있는데 어디 한 사람만이 손을 대겠습니까?"라고 대답하였습니다.

그러나 예수님께서는 당신의 옷자락에 믿음으로 손을 댄 이 여인을 찾고 계셨습니다. 여인은 떨며 예수님 앞에 엎드려 자기의 사정을 낱낱이 고하며 그리스도의 능력이 임하여 열두 해 동안 밤낮으로 고통 받던 혈루병에서 고침 받은 것을 이야기하자 예수님께서는 "딸아 네 믿음이 너를 구원하였으니 평안히 가라"(막 5:34)고 말씀하셨습니다.

나는 이 글을 읽을 때마다 왜 예수님께서는 필연적으로 내가 너를 고쳤으니 평안히 가라고 말씀하지 아니하시고, 왜 네 믿음이 너를 고쳤다고 말씀하셨는지 그 이유를 알기 원했습니다.

그러다가 어느 날 나는 마음속에 이것을 깨달아 알기 시작했습니다.

이것은 예수님께서 내가 너를 고쳤다고 말한다면 세상에서 고침 받지 못한 수많은 사람들은 예수님께서 사랑하지 아니하시기 때문에, 예수님이 능력이 없으시기 때문에, 예수님이 자비심이 모자라기 때문에 고치지 않았다고 마귀의 조롱을 받을 것이기 때문인 것입니다.

예수님께서는 항상 우리를 고치시기를 원하시는 하나님이시라는 것을 이 말씀을 통하여 나타내신 것입니다.

예수님께서는 항상 우리와 함께 계시고, 항상 우리를 구원하시고 치료하시기를 원하시며, 어제나 오늘이나 영원토록 동일하셔서 우리와 늘 함께 계신다는 것을 나타낸 것입니다.

그러므로 언제든지 우리가 구원받고 치료받고 기도의 응답을 받는데 있어서의 조건은 예수님의 편에 있지 아니하고 사람 편에 있다는 것을 깨달아야만 할 것입니다.

　예수님은 변치 않으시고 사람을 외모로 취하지 아니하시며 주님은 언제나 누구든지 그리스도 앞에 나와서 믿음으로 그에게 손을 내미는 자마다 붙들어주시고 구원하시며 치료하시고 살리시며 응답하시기를 원하시는 분이라는 것을 보여주시는 것입니다.

　이러므로 예수님은 항상 우리와 같이 계시며 누구든지 고치시기를 원하시는 분임을 우리는 알아야 합니다.

　영혼이 잘 됨같이 범사에 잘되며 강건하게 되기를 원하시는 것은 예수님의 소원입니다.

　그런데 예수님께서 우리에게 능력을 베풀지 못하게 하는 장벽이 있는데 그것은 바로 우리의 불신앙입니다.

　수많은 사람들이 예수님께 왔다갔다하며 종교적으로, 의식적으로, 혹은 호기심으로 인간적인 생각에서 그리스도를 만져보았지만 그들은 그리스도의 권능을 체험하지 못했습니다.

　그러나 그 여인은 믿음의 결단성을 가지고 생명의 성실성으로, 전폭적인 믿음으로 그리스도의 옷자락을 만짐으로써 전능한 그리스도의 능력을 체험할 수 있었던 것입니다.

　그렇기 때문에 예수님께서는 "네 믿음이 너를 고쳤다."고 말씀하신 것입니다.

　오늘날에도 주님은 우리를 향하여 "네 믿음대로 될지어다."라고 말씀하고 계십니다. 우리는 우리의 믿음을 가지고 하나님의 전지전능, 무소부재하신 권능을 우리의 생애 속에 나타나게 할 수 있는 것입니다.

하나님께서는 영원히 변치 아니하십니다. 무소불능하신 하나님께서는 여러분과 함께 계시며 여러분 곁에 계십니다.

우리의 믿음이 하나님의 권능을 체험하게 하는 것임을 깨닫고 확신에 찬 믿음의 생활을 함으로 매일매일 승리하는 여러분의 삶이 되시기를 축원합니다.

9 내게 있는 것으로 네게 주노니

-
-
-

사도 베드로와 요한은 유대인들의 관습에 따라 제 구시 기도 시간에 성전으로 올라갔습니다. 그때는 오순절 이후여서 베드로와 요한은 성령으로 충만해 있었습니다.

그들이 성전으로 막 들어가려는 순간 미문 가에서 구걸하고 있는 앉은뱅이와 마주치게 되었습니다.

이 앉은뱅이 걸인은 나면서부터 앉은뱅이인지라 호구지책으로 날마다 성전 미문 가에서 지나가는 사람들에게 손을 내밀어 구걸하고 있었습니다. 이런 앉은뱅이 걸인과 마주친 베드로의 마음속에는 갑자기 '이 사람이 오늘 앉은뱅이에서 일어날 수 있다.'는 확신이 용솟음쳤습니다. 그 확신은 성령님께서 주신 지식의 말씀의 은사였습니다.

그러자 베드로가 앉은뱅이 걸인에게 "우리를 보라."고 말했습니다.

베드로의 이 말에 앉은뱅이 걸인은 눈을 휘둥그래 뜨고서 베드로를 쳐다보았습니다. 이 성전을 드나드는 많은 사람들에게 구걸을 해도 한결같이 무관심하게 지나칠 뿐 어쩌다가 한두 사람이 돈을 던져주곤 했지만 이 사람처럼 자원해서 무엇을 주려는 사람은 처음 만났기 때문입니다.

그래서 앉은뱅이 걸인은 기대에 부풀어 두 손을 베드로에게 내밀었습니다. 그러나 베드로의 입에서 나온 그 다음 말에 앉은뱅이 걸인은 실망하고 말았습니다.

"은과 금은 내게 없다."

잔뜩 기대를 갖고 있다가 은과 금이 없다는 말을 들은 그는 너무나 실망하여 들었던 두 손을 힘없이 떨어뜨리고 말았습니다. 그때 베드로가 단호하게 명령했습니다.

"그러나 내게 있는 것으로 네게 주노니 곧 나사렛 예수 그리스도의 이름으로 일어나라!"

그러면서 베드로는 이 앉은뱅이 걸인의 오른손을 잡아 일으켰습니다. 그러나 놀라운 일이 벌어졌습니다. 갑자기 앉은뱅이 걸인의 말라비틀어졌던 발과 발목이 곧게 펴지면서 생기가 돌았습니다. 그는 일어나 걷기도 하고 뛰기도 했습니다. 이제 운명이 바뀐 그 걸인은 기뻐 뛰면서 하나님을 찬미하였습니다.

오늘날도 많은 사람들이, 앉은뱅이 되었던 걸인처럼 인생을 살아가면서 호구지책과 같은 일시적이고도 현실적인 문제만을 해결하려고 애씁니다. 그러나 성령님께서 우리에게 오실 때는 일시적이고 현실적인 문제보다는 영원하고 근원적인 문제를 해결해 주십니다.

베드로가 만일 앉은뱅이 걸인에게 은전 몇 푼을 던져 주었더라면 그의 일시적인 문제는 해결해 주었을지 몰라도 앉은뱅이라는 근원적인 문제는 결코 해결되지 못한 채 앉은뱅이 걸인으로서의 일생을 마쳤을 것입니다.

근원적인 문제, 영원한 문제가 해결되면 일시적이고 현실적인 문제는 자연히 해결되는 것입니다.

이 말씀을 대할 때마다 나는 전율을 느낍니다. 베드로가 갖고 있던 근원적인 문제 해결의 힘 때문입니다. 그런데 오늘날 많은 교회와 성도들이 은과 금을 가지고 일시적인 문제는 해결하고 있지만 근원적인 문제는 해결하지 못하고 있습니다. 그 이유는 자신의 마음속에 무엇을 갖고 있는지 모르고 있기 때문입니다. 베드로처럼 '내게 있는 것'이 무엇인지 분명히 알고만 있다면 오늘날 교회와 성도들이 결코 문제의 벽에 부딪히지 않을 것입니다.

그렇다면 여러분에게 묻습니다. 여러분은 베드로처럼 '내게 있는 것'이 무엇인지 알고 있습니까?

크리스천인 내가 갖고 있는 것이 무엇인가?

실제로 크리스천들은 누구나 그 마음에 베드로가 갖고 있던 것을 소유하고 있습니다. 단지 그것이 무엇인지 분명히 모르고 있기 때문에 방황하고 좌절하는 것입니다. 그러면 크리스천인 내가 갖고 있는 것은 무엇일까요?

그것은 예수님의 대속에 대한 지식입니다. 우리는 예수님께서 우리 죄인들을 위해 가시관을 쓰시고 손과 발은 대못에 박히시고 창에 허리를 찔리신 대속에 관한 지식을 갖고 있음을 깨달아야 합니다. 지식은 믿음의 기초요 흥망의 열쇠입니다. 호세아 선지자는 분명히 말했습니다. "내 백성이 지식이 없으므로 망하는도다"(호 4:6)

오늘날에도 과학적인 지식, 경제적인 지식, 군사적인 지식, 기술적인 지식에 대한 노하우(Know How)가 있느냐 없느냐에 따라 선진국이냐 후진국이냐가 결정됩니다.

마찬가지로 신앙생활에 있어서의 노하우는 대단히 중요한 문제입니다. 그러므로 우리는 이 예수님의 대속에 관한 지식을 확실히 알아야만 할 것입니다.

예수님의 대속을 통해 죄 사함과 영생천국에 대한 지식을 얻을 수 있습니다

"그가 찔림은 우리의 허물 때문이요 그가 상함은 우리의 죄악 때문이라 그가 징계를 받으므로 우리가 평화를 누리고 그가 채찍에 맞음으로 우리가 나음을 받았도다 우리는 다 양 같아서 그릇 행하여 각기 제 길로 갔거늘 야훼께서는 우리 모두의 죄악을 그에게 담당시키셨도다"(사 53:5-6)

예수님께서 십자가에 매달리신 것은 모든 인류의 죄 때문입니다. 그래서 누구든지 이 십자가의 예수님을 믿기만 하면 죄를 짓고 불의하며 추악하여, 버림을 받아야 마땅함에도 불구하고 모든 죄에서 사함을 받고, 하나님 앞에서 의롭다는 자격을 얻을 수 있을 뿐만 아니라, 눈물과 근심과 탄식과 죽음과 이별하는 것이나 없는 것이 없는 천국에서 영원히 사는 소유권을 얻을 수 있습니다.

이 세상과 이 세상의 모든 것이 다 끝나고 역사의 수레바퀴가 멈춘다 해도 우리가 조금도 두려워하지 않는 것은 예수님의 피로 말미암아 영원한 나라에서 다시 살 수 있다는 확고한 믿음을 지니고 있기 때문입니다.

그래서 크리스천인 우리는 이 근원적인 문제의 해답을 갖고 있기 때문에 정죄의식과 절망으로 몸부림치는 앉은뱅이 된 사람들에게 "은과 금은 내게 없거니와 예수님을 믿고 정죄의식과 절망에서 일어나라."고 담대히 말할 수 있는 것입니다.

치료와 부활에 대한 지식을 얻을 수 있습니다

일전에 대만의 까오슝에서 치료와 부활에 대한 복음을 증거한 적이 있습니다.

예수님께서는 영의 병, 육체의 병, 모든 생활의 병을 고쳐 주시는 치료자이심을 전한 후, 아픈 데에 손을 얹게 하고 예수님의 이름으로 나음을 얻으라고 담대히 외쳤습니다.

그러자 간증시간에 하나님의 치유능력으로 고침을 받은 사람들이 우후죽순처럼 일어나는 것을 볼 수 있었습니다. 암으로 사형선고를 받았던 두 부인을 위시하여 갖가지 병에 시달렸던 사람들이 치료자 예수님을 만나 건강한 모습으로 하나님께 영광 돌렸습니다. 특히 코에 불치의 병이 걸려 절망의 나날을 보내던 한 부인이 예수님의 능력으로 깨끗하게 고침 받은 후 엑스레이 두 장을 들고 간증하는 놀라운 모습도 볼 수 있었습니다.

"우리의 연약한 것을 친히 담당하시고 병을 짊어지셨도다"(마 8::17)

"친히 나무에 달려 그 몸으로 우리 죄를 담당하셨으니 이는 우리로 죄에 대하여 죽고 의에 대하여 살게 하려 하심이라 저가 채찍에 맞음으로 너희는 나음을 얻었나니"(벧전 2:24)

예수님께서 피 흘려주심으로 나음을 얻었다는 이 지식을 잊어서는 안됩니다. 그러므로 여러분 자신은 물론 누구에게든지 "은과 금은 없지만 예수님께서 주신 신유의 능력으로 병에서 일어날지어다."라고 담대히 말할 수 있는 여러분이 되시기를 바랍니다.

저주에서의 해방과 아브라함의 축복에 대한 지식을 얻을 수 있습니다. 예수님을 믿는 우리는 이 땅에서 사는 동안 영혼이 잘 됨같이 범사에 잘될 권리가 있습니다. 그런데 우리가 저주 아래서 헐벗고 굶주리며 사는 것은 비정상적인 것입니다. 왜냐하면 하나님께서 인간을 위해 지으신 에덴동산은 헐벗음과 굶주림의 동산이 아니기 때문입니다. 이것은 단지 아담과 하와가 하나님을 반역함으로 저주를 받은 결과입니다. 그러나 예수님께서는 이 저주에 처한 인간을 해방시켜 주셨습니다.

"그리스도께서 우리를 위하여 저주를 받은 바 되사 율법의 저주에서 우리를 속량하셨으니 기록된 바 나무에 달린 자마다 저주 아래 있는 자라 하였음이라 이는 그리스도 예수 안에서 아브라함의 복이 이방인에게 미치게 하고 또 우리로 하여금 믿음으로 말미암아 성령의

약속을 받게 하려 함이니라"(갈 3:13-14)

예수 그리스도의 구원은 영혼의 구원뿐 아니라 저주에서의 구원도 포함됩니다. 그 때문에 헐벗고 굶주리는 비정상적인 삶에서 아브라함의 축복이 넘치는 정상적인 삶으로 바뀔 권리가 우리에게 있는 것입니다.

그러므로 우리 크리스천들은 언제나 예수님의 이름으로 저주를 물리치고 풍요로운 기쁨의 나날을 보내야 할 것입니다.

지식은 무지로 인한 모든 공포에서 우리를 해방시켜 주며, 담대한 믿음을 갖게 합니다. 지식이 없는 믿음은 감정에 불과합니다. 그러나 견고한 지식의 반석위에 서서 믿음으로 밀고 나가면 눈으로 아무 증거 안 보이고, 귀에는 아무 소리 안 들리고, 손에 잡히는 것 없어도 불안과 공포에서 해방을 얻게 되고 하나님의 기적을 체험할 수 있게 됩니다.

예수 그리스도의 대속을 통하여 우리는 근본적이고도 영원한 문제의 해답에 대한 지식을 분명히 터득했습니다.

그러므로 우리는 베드로처럼 죄로 말미암아 앉은뱅이 되고, 질병으로 앉은뱅이 되고, 저주와 절망으로 앉은뱅이 되어 고통당하는 사람들에게 "은과 금은 없지만 내게 있는 것으로 네게 주니 곧 그리스도의 대속으로 일어나라."고 외치는 담대한 크리스천들이 되어야 할 것입니다.

성령에 대한 체험적 지식

인간의 가장 무서운 적은 고독입니다. 인간에게 가장 견디기 힘든 시련은 고독감에 빠져 있을 때입니다. 오늘날 많은 사람들이 이 고독의 문제를 해결하지 못한 채 쓰러져가고 있습니다.

그런데 예수님께서는 십자가에 못 박혀 돌아가시기 전 이 고독의 문제를 해결해 주시겠다고 말씀하셨습니다.

"내가 너희를 고아와 같이 버려두지 아니하고 너희에게로 오리라"
(요 14:18)

이러므로 예수님을 믿는 사람은 혼자라는 고독감에 빠질 수가 없습니다. 예수님을 믿을 때, 하나님께서 성령님을 보내 주셔서 언제나 우리와 함께 계시기 때문입니다. 우리 몸을 성전삼고 들어와 계신 성령님께서는 우리와 함께 자고 깨고, 함께 식사하고 사업하며, 함께 탄식하고 기도하십니다. 어느 곳을 가든지 성령님과 함께 동행하기 때문에 우리는 고독하지 않습니다.

예수님께서는 승천하신 후, 제자들이 깊은 고독에 빠져 절망해 할 것을 미리 아시고 성령님께서 임하시기 전까지 예루살렘을 떠나지 말라고 분부하셨습니다.

"예루살렘을 떠나지 말고 내게 들은 바 아버지께서 약속하신 것을 기다리라 요한은 물로 침례를 베풀었으나 너희는 몇 날이 못되어 성령으로 침례를 받으리라"(행 1:4-5)

오늘날 많은 크리스천들이 성령님께서 자기와 함께 계신 것을 알지 못하기 때문에 오히려 세상 사람들보다 더 깊은 고독과 불안과 공포, 절망과 고통의 늪에 빠져 신음하고 있는 것을 보면 얼마나 가슴 아픈지 모릅니다.

그러므로 크리스천이라면 누구나 성령님께서 함께해 주신다는 분명한 체험과 지식을 갖고 있어야 합니다. 성령님께서 함께하신다는 확고한 신념이 있는 사람은 고독해지지 않을 뿐만 아니라 무슨 일이든 할 수 있는 자신감을 가질 수 있고, 성공적으로 그 일을 해내는 위대한 사람이 될 수 있습니다.

"내게 능력 주시는 자 안에서 내가 모든 것을 할 수 있느니라"(빌 4:13)

나 혼자 인생을 사는 것이 아니고 온 우주와 만물을 창조하시고 다스리시며 생사화복을 주관하시는 하나님께서 함께 해주시면서 지켜주시고 인도해 주시는데 어떻게 고독하고 부정적인 사람이 될 수 있겠습니까? 그야말로 하루하루 기쁨 속에서 승리와 성공으로 충만한 크리스천들이 되어, 어느 곳에서나 화평과 소망을 심어주어야 할 것입니다.

이런 사람들에게는 절망이 엄습해도 두렵지 않습니다. 어떠한 슬픈 환경에 처할지라도 조금도 겁내지 않습니다. 왜냐하면 하나님께서 더 좋은 것으로 곧 채워주시고 인도해 주실 것을 굳게 믿고 있기 때문입니다.

"하나님을 사랑하는 자 곧 그의 뜻대로 부르심을 입은 자들에게는 모든 것이 합력하여 선을 이루느니라"(롬 8:28)

그러므로 여러분, 이 성령님에 대한 체험적 지식을 분명히 알고, 아직도 이것을 모르고 절망에 처해있는 사람들에게 증거하십시오.

"은과 금은 내게 없다. 그러나 내게 있는 것, 즉 예수님의 이름으로 인한 성령님의 체험이 있다. 고독과 절망, 부정과 나약의 앉은뱅이에서 기쁨과 소망, 창조와 믿음으로 바뀌어질지어다."

이것이야말로 얼마나 귀한 보배입니까? 이는 은과 금과 같은 일시적인 해결이 아닌 근본적이고도 영원한 문제의 해결의 열쇠인 것입니다.

내게 있는 사랑의 힘

마지막으로 그리스도를 통해 내가 갖고 있는 것이 있습니다. 그것은 사랑의 힘입니다. 우리는 이것을 전해주기에 조금도 인색해서는 안됩니다.

이 세상에서 사랑보다 귀한 보배는 없습니다. 사랑이 결핍된 채 지위나 권세나 금이나 은을 태산처럼 쌓아놓은들 무슨 소용이 있겠습니까? 보화나 명예는 사랑할 수 있는 하나의 수단에 불과합니다.

인생에 있어서 가장 위대한 힘은 사랑의 힘입니다. 한 웅큼의 보석보다 한 아름의 사랑이 더 귀하고 값진 것입니다. 기계문명이 극도로 발달해도 사랑을 갈망하는 인간의 본능은 변함이 없습니다.

"그런즉 믿음, 소망, 사랑, 이 세 가지는 항상 있을 것인데 그 중의 제일은 사랑이라"(고전 13:13)

사랑은 마음만 먹는다고 되는 것은 아닙니다. 사랑은 사랑할 수 있는 힘이 있어야 할 수 있습니다. 근본적으로 사랑할 수 있는 힘이 없는 사람이 어떻게 남을 사랑할 수 있겠습니까? 사랑을 받아보지 못한 사람은 남도 사랑할 줄 모릅니다.

예수님을 믿는 우리들에게는 누구에게나 사랑을 부어 줄 수 있는 힘이 있습니다. 왜냐하면 가장 근본적인 사랑을 체험했기 때문입니다.

그렇다면 가장 근본적인 사랑은 무엇일까요? 이 사랑은 바로 하나님의 영원한 사랑입니다.

죄를 짓고 불의하고 추악하여 버림을 받아야 마땅함에도 불구하고 하나님께서는 우리들을 사랑하셔서 독생자 예수 그리스도를 이 땅에 보내주셨고 또 우리를 위하여 예수님으로 하여금 십자가의 고통을 당하게 하셨던 것입니다.

못난 그대로, 빈 손 든 그대로 예수님의 보혈만 의지하고 나오면 우리를 품에 안아주시고 하늘나라의 백성으로 삼아주시는 하나님의 위대한 사랑이 우리 안에 있기에 우리는 다른 사람들을 사랑할 힘이 있는 것입니다.

하나님의 사랑을 깨닫게 되면 누구나 스스로를 사랑하게 됩니다. "야, 나도 가치있는 인간이구나. 쓰레기 같은 나를 택해주시고 사랑해 주시다니…."

하나님의 사랑은 자신을 사랑하고 존경하게 하며, 나아가서 이웃을 사랑할 수 있는 힘을 부여해 줍니다.

그러므로 하나님의 영원한 사랑을 깨닫고 사랑할 수 있는 힘이 생겨난 우리는 사랑의 앉은뱅이가 되어 절망에 빠져있는 이웃을 향해 "은과 금은 내게 없지만 내게 있는 것으로 네게 주노니 곧 예수 그리스도의 사랑으로 일어나라."고 분명히 말할 수 있는 것입니다.

미문 가에서 구걸하던 앉은뱅이는 베드로를 통해 하나님의 축복과 기적을 얻고 완전히 운명이 바뀌어졌습니다. 몇 푼의 은금과는 감히 비교도 할 수 없는 엄청난 축복이었습니다. 지난 날, 남의 힘을 빌어 다니던 길을 그는 자기의 생명력이 넘치는 다리로 뛰어 다니며 하나님을 찬양했습니다.

그러므로 오늘날 우리 크리스천들은 인생의 앉은뱅이가 되어 절망과 한숨으로 하루하루를 살아가는 많은 사람들에게 영원하고도 근원적인 메시지를 전달함으로써 앉은뱅이에서 일으켜 주어야 할 것입니다.

"은과 금은 없지만 근원적인 문제 해답의 메시지는 내게 있다. 곧 예수 그리스도의 대속과 성령의 동행하심과 사랑의 힘의 메시지이다. 자 일어나라!"